EXERCICES

DES

BOUCHES A FEU,

En usage dans la Marine

EN 1842.

ÉDITION CONFORME A L'IMPRIMERIE ROYALE.

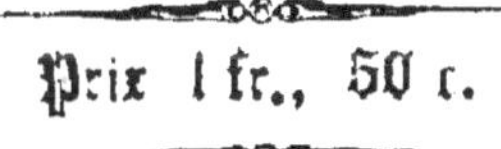

Prix 1 fr., 50 c.

L'édition augmentée des exercices de l'Obusier de 80, en usage à bord de la frégate d'instruction l'Amazone, sous les ordres du contre amiral Lalande, du tableau des portées moyennes, des expériences faites à Gàvres sous l'inspection du colonel Barbé, et des expériences faites à Brest des canons à la Paixhans.

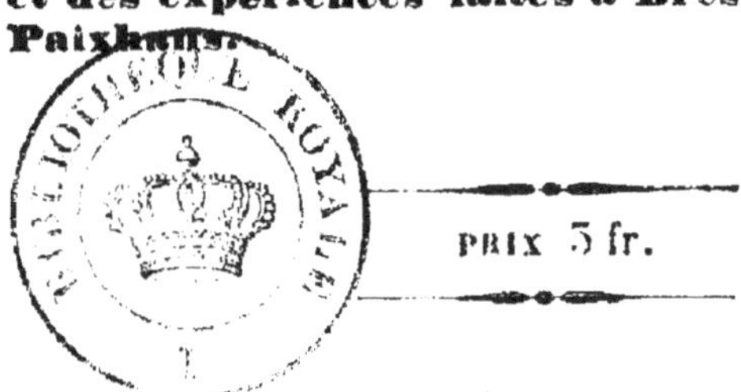

PRIX 3 fr.

TOULON,

BELLUE, Libraire-Éditeur.

BREST, Lefournier.

1842.

AVERTISSEMENT.

L'attention particulière donnée, depuis quelques années, aux questions relatives à l'artillerie de marine, a amené, tant dans le matériel des canons que dans la manière de les charger et de les manœuvrer, d'utiles et importantes modifications.

Ces modifications ont rendu suranné, malgré sa date récente, le dernier exercice publié en 1834, et il est devenu nécessaire d'en refaire la rédaction.

Les principales améliorations introduites dans le matériel sont: les *hausses*, les *percuteurs*, les *étoupilles fulminantes*, les *coins d'arrêt* et les *valets erseaux*.

Les *hausses* ont donné au pointage une justesse, une facilité et une promptitude qu'il n'avait point eues jusqu'ici. Il est vrai que, dans les combats rapprochés, où la fumée dérobe les combattants à la vue l'un de l'autre, les hausses, tout en étant encore une bonne indication, voient diminuer leurs avantages; mais elles les retrouvent tous quand on combat à distance, que le tir est lent, et que la fumée, chassée à mesure par la brise, n'empêche pas le pointage de se faire.

Le *percuteur* à marteau, dont la construction est si solide et l'usage si commode, et les étoupilles fulminantes, ont remplacé avec un grand avantage les batteries à silex et les étoupilles ordinaires.

Avec les percuteurs et les étoupilles fulminantes a disparu l'usage habituel de la corne d'amorce, qui causait des accidents de feu et entraînait des lenteurs; le tir est instantané et les avaries, dans la platine destinée à communiquer le feu, sont plus rares et plus faciles à réparer. Le boute-feu ne sert plus que comme une ressource pour des cas peu communs.

Les *coins d'arrêt*, dont on fait usage dans les batteries de côte, ne sont pas non plus une amélioration sans importance; la manœuvre en est facile; la pince, dont le maniement est si incommode, qui occasionnait souvent des blessures et détériorait les ponts, est devenue presque complètement inutile.

Le *valet erseau*, auquel on a enlevé une section d'environ 2 centimètres, présente le grand avantage de rendre toujours facile l'introduction simultanée de toute la charge dans la pièce, et ensuite d'être d'un placement commode à bord. Cependant, on n'a point abandonné entièrement l'usage du valet plein et cylindrique: seulement celui-ci ne doit servir que dans les circonstances exceptionnelles indiquées dans les notes sur l'exercice.

EXERCICES DIVERS.

BRANLE BAS DE COMBAT.

Les pièces de la batterie sont partagées en deux divisions, commandées chacune par un officier, et chacune de ces divisions est elle-même divisée en deux sections commandées par des officiers ou élèves.

Le branle-bas de combat est indiqué, suivant les circonstances, par :

Le rappel ordinaire,

Le rappel accéléré,

Ou la générale.

Le rappel ordinaire indique que l'exercice sera simple, d'un bord, et se fera dans la batterie du bord où l'on rappelle.

Le rappel accéléré, au contraire signifie que l'exercice sera général, que l'on doit fermer les panneaux, que l'on doit ouvrir les soutes, que les puits doivent être allumés, les passages des poudres organisés, les pompes gréées, les pièces approvisionnées et démarrées des deux bords.

La générale indique que toutes les dispositions quelconques pour le combat doivent être prises.

RAPPEL ORDINAIRE.

Les hommes se rendent à leurs pièces du bord où l'on rappelle, et s'y placent à leurs postes, ainsi qu'il est prescrit par le rôle de combat et les dispositions établies à bord. (Les pièces sont supposées chargées et amarrées à garants simples ; si elles sont à la serre ou amarrées à garants doubles, on commencera par les dessaisir).

Au commandement APPROVISIONNEZ LA BATTERIE.

***Les** 1er et 2e servants* placent l'écouvillon et le refouloir sur le pont, la tête tournée du côté de la culasse, l'écouvillon en dedans, le refouloir en dehors : l'écouvillon est décoiffé ; ils font tomber les parties basses des sabords dans les batteries hautes ; ils mettent la baille de combat et son faubert, ainsi que le seau à incendie, à leur place, sur le pont, et placent le fanal au lieu ordonné. Le deuxième servant de gauche veille particulièrement à disposer les projectiles et les valets.

Les 3e et 4e servants prennent les anspects, les embarrent sur les adents de l'affût, élèvent la culasse afin que le chef puisse retirer le palan de retraite et les valets, si ces objets sont placés sur la sole, et mettre en place pour le tir le coussin et le coin de mire ; les anspects sont mis ensuite à droite et à gauche de la pièce, le gros bout tourné vers la muraille ; les mêmes servants disposent les palans de côté.

Le 5e servant de gauche dispose et croche le palan de retraite, la poulie simple à la boucle du pont, la poulie double au piton de retraite.

Le 5e servant de droite s'équipe du tablier qu'il a retiré du gargoussier.

Le dernier servant de droite de la 2e pièce de chaque section va chercher (et allumer si c'est l'exercice à feu que l'on va faire) le boute feu destiné à être placé dans une baille de la section (Pour les pièces de 36, les sixièmes servants aident les cinquièmes dans tout ce qui leur est prescrit. Un nombre suffisant de cornes d'amorces pleines restent disposées dans les soutes à poudre pour être envoyées au besoin dans des gargoussiers.)

Le pourvoyeur se saisit du gargoussier, et, si l'on doit faire l'exercice à feu ou combattre, se rend au passage des poudres pour y recevoir un gargoussier plein.

Le chef de pièce s'équipe de la boîte à étoupilles, du doigtier ou tampon de lumière, du dégorgeoir attaché à la ceinture de la boîte à étoupilles ; il met la pièce à même de tirer, et surveille le travail des servants.

RAPPEL ACCÉLÉRÉ.

Aussitôt que les hommes sont rendus à leur poste du bord que l'on a ordonné d'armer, le commandant de la batterie commande : APPROVISIONNEZ LES DEUX BORDS ; alors les servants de droite font par le flanc gauche et se portent à la pièce correspondante de l'autre bord ; le chargeur en devient le chef ; les servants de gauche et le pourvoyeur restent à la pièce du chef ; les premiers et deuxièmes servants font par le flanc gauche, par file à gauche et passent à la droite de la pièce ; les troisième quatrième et cinquième restent à gauche.

Alors, à chaque pièce :

Les 1ers servants exécutent ce qui a été prescrit dans l'armement d'un seul bord, à l'article premier et deuxième servants.

Les 2es servants font ce qui a été ordonné dans l'armement d'un seul bord aux troisièmes et quatrièmes servants, et de plus, disposent le palan de retraite.

Le chef s'équipe de la boite à étoupilles, ainsi que de tous les objets qui sont indiqués dans l'armement d'un seul bord.

Dès que le chef provisoire aura achevé ses dispositions de combat, il rejoindra, avec ses servants, la pièce du chef titulaire, et chacun reprendra son poste ; le cinquième servant de droite s'équipe alors du tablier.

Les 5es servants de gauche restés avec le chef de pièce vont chercher les approvisionnements suivants :

Le cinquième servant de gauche de la première pièce de chaque section, le boute-feu, qui est allumé s'il y a lieu ;

Le cinquième servant de gauche de la deuxième pièce, les cuillers et tire-bourre qui sont apportés et placés au centre de chaque section en arrière des pièces, s'ils n'y sont pas déjà placés à demenre (1).

Les armes d'abordage sont complétées aux pièces et visitées par les hommes qui doivent s'en servir.

Le cinquième servant de gauche de la troisième pièce, les caisses à cartouches pour fusils et pour pistolets destinées pour la batterie, et qui doivent être placées au lieu désigné pour être immédiatemement distribuées aux divisions d'abordage.

(1) La machine à demonter des affûts de rechange et une brague de rechange pour chaque section doivent être disposées dans l'entrepont.

Les 2es maîtres de batterie vont prendre leurs sacs préparés à l'avance; les hommes du passage des poudres apportent les manches et les introduisent dans les panneaux de combat, qui ont été placés par les charpentiers et les calfats.

Nota. Si le branle-bas a lieu la nuit, les sabords devant être ouverts par un mouvement d'ensemble, au commandement du chef de batterie, il ne faut pas, dans ce cas, laisser tomber sans ordre les parties basses des sabords à mantelets brisés,

LA GÉNÉRALE.

La générale comprend toutes les dispositions de combat tant pour la manœuvre que pour l'artillerie; dès qu'elle se fait entendre, les servants se portent à leurs pièces, au bord indiqué, les dessaisissent, les approvisionnent immédiatement, suivant l'ordre du chej de la batterie, et conformément à ce qui a été prescrit pour le rappel accéléré.

Si le branle-bas a lieu la nuit, les hamacs sont portés aux bastingages où ils sont arrimés par les gabiers: les hommes de la manœuvre procèdent aux autres dispositions de combat.

Les maîtres des différentes professions placent les rechanges dans les lieux indiqués pour le combat.

APPELS.

Les appels se font à la fois et par pièce; les chefs de pièce en rendent compte aux chefs de section qui les reçoivent, les vérifient et les rapportent au chef de division, celui-ci les transmet au chef de batterie, en sorte qu'ils parviennent au commandant suivant l'ordre hiérarchique.

EXERCICE DU CANON D'UN BORD.

ROULEMENT.

Le roulement indique que l'on va commencer l'exercice et qu'il faut observer le plus grand silence. Toute parole inutile est donc sévèrement interdite, soit pendant l'exercice, soit devant l'ennemi.

Les chefs de pièce font face au sabord, les servants font face à leur pièce, et s'alignent sur les deux premiers servants, tous se serrent à bord, de manière que les coudes s'affleurent, la

2

tête haute, l'œil dirigé du côté du chef, les pieds sur le même alignement, le corps d'aplomb, les bras pendants, les mains dans les rangs, ouvertes et à plat sur les cuisses.

A la fin du roulement chacun reste immobile.

1er COMMANDEMENT.

DÉTAPEZ, DÉMARREZ VOS CANONS!

Un Temps.

Le premier servant de droite détape le canon et place la tape contre le bord derrière lui; le chef de pièce, aidé des servants placés près de lui, démarre le canon et l'assujettit contre le bord en passant au collet du bouton de culasse un tour de chaque garant, qu'il fait tenir par les deuxièmes servants de droite et de gauche; puis, il ôte le couvre-lumière et le passe au troisième servant de droite qui le met près du bord en arrière des servants.

Il relève le marteau. (ACTION!)

2e COMMANDEMENT.

DÉGORGEZ. — AMORCEZ!

Un Temps.

Le chef de pièce prend le dégorgeoir de la main droite, l'enfonce dans la lumière, s'assure que la charge n'a pas bougé et perce la gargousse; il ouvre la boîte à étoupilles, en prend une et l'introduit dans la lumière, en pressant fortement, avec le pouce, le godet sur le champ de lumière. Il referme la boîte après avoir pris l'étoupille. (ACTION!)

3e COMMANDEMENT.

POINTEZ!

Trois Temps.

Premier temps. Le chef de pièce place la hausse au cran indiqué par le chef de batterie et pour la charge qu'il sait être dans le canon, puis il se place à droite du palan de retraite, le pied gauche en avant et à plat, le genou ployé, la jambe droite allongée, la main gauche sur la plate bande de culasse, et la main droite à la poignée du coin de mire. Les troisièmes servants, aidés par les quatrièmes pour les gros calibres (le 24 et au-dessus), prennent les anspects, les placent sur les adents de l'affût, et ils élèvent ou abaissent la culasse, au signal du chef, jusqu'à ce que le canon soit au point convenable, c'est-à-dire, que la ligne de mire se trouve dirigée, autant que possible, sur le point où l'on doit viser, lorsque le bâtiment est dans une position moyenne à ses balancements de roulis.

Si le pointage doit être très-oblique, on commencera par porter la pièce sur l'avant ou sur l'arrière, de manière à ce qu'elle soit à peu près en direction. On pointe en hauteur et on attend le deuxième temps pour rectifier la direction. (ACTION!)

Deuxième temps. Les mêmes servants embarrent aux flasques pour diriger la pièce à droite ou à gauche suivant le signal du chef; le chef se relève: décapelle les garants; il en charge les derniers servants, aidés par ceux qui ne sont pas occupés au pointage, pour que tous contiennent la pièce au sabord, puis il prend de la main droite le cordon du percuteur et se porte vivement en arrière du recul du canon. Il vise, en s'inclinant et en mettant dans le même alignement, son œil le point le plus élevé de la hausse, le point le plus élevé de la masse de mire et l'objet à battre. (ACTION!)

Troisième temps. Dès que le pointage est fini, le chef fait le signe; *A postes*, auquel les servants chargés des anspects les retirent de dessous les flasques et reprennent leur alignement: ils les tiennent le bout posé sur le pont, hors de la direction des roues. (ACTION!)

4e COMMANDEMENT.

FEU!

Deux Temps.

Premier temps. Le chef de pièce attend que les mouvements du navire amènent la ligne de mire dans la direction du point où l'on doit viser, et, quand il le voit près d'arriver, il l'indique par un signal, puis il fait feu, en tirant fortement et sans secousse sur le cordon du percuteur. A ce signal du chef de pièce, les servants chargés des garants de palan les laissent tomber hors de la direction des roues; ceux qui ont des anspects les posent sur le pont; tous les servants, à l'exception des premiers de droite et de gauche, se portent vivement au palan de retraite pour l'abraquer et même palanquer la pièce jusqu'à longueur de brague. Les premiers servants prennent les coins d'arrêt et calent les roues dès que l'affût n'est plus au sabord ; le chef leve le cordon du percuteur et relève le marteau.

Le dernier servant de gauche fait une demi-clef au palan de retraite ; tous les servants se serrent faisant face à leur piece ; les troisièmes à la hauteur du chef, les deuxièmes reprennent leur poste (1) (ACTION!)

Deuxième temps, Les troisièmes servants de droite et de gauche, aidés des quatrièmes pour les gros calibres, prennent les anspects, les embarrent sur les adents de l'affût, élèvent ou abaissent la culasse pour que le chef puisse placer le coussin et le coin de mire, de manière à mettre la pièce a même d'être chargée; les autres servants rouent les garants de palans de retraite et de côté ; les anspects sont remis à leur place et chacun reprend son poste. (ACTION!)

5e COMMANDEMENT.

BOUCHEZ LA LUMIÈRE, ÉCOUVILLONNEZ AU REFOULOIR.

Deux Temps.

Premier temps, Le chef de piece prend le dégorgeoir de la main droite, et l'enfonce dans la lumiere pour voir si elle est dégagée, il la bouche bien ensuite avec le pouce de la main gauche jusqu'à ce que la pièce soit chargée, ne l'ôtant, pour sonder, que lorsque les chargeurs sont bien effacés. Les premiers servants de droite et de gauche se portent en même temps à la volée en passant par dessus les palans et la brague ; le deuxième servant de droite remet au premier l'écouvillon, que celui-ci enfonce dans la pièce, et aussitôt il prend le refouloir et le place sous la volée entre les chargeurs, la hampe reposant sur le seuillet du sabord, le bouton sur le pont touchant l'essieu de devant. (ACTION!)

Deuxième temps. Le premier servant de droite, aidé du premier de gauche, tourne plusieurs fois l'écouvillon au fond de l'âme dans le sens convenable pour faire prendre le tire-bourre : il le retire en continuant à le tourner dans le même sens, l'ap-

(1) Dans les exercices à feu, et lorsque le rappel de la pièce au sabord n'est pas à craindre le mouvement de caler les roues avec les soins d'arrêt peut être fait par les deuxièmes servants : le service en est plus rapide parce que les chargeurs se portent de suite à la volée de la pièce et le second servant de droite est plutôt paré à passer l'écouvillon.

puie sur le bourrelet, le frappe plusieurs fois en dévirant pour faire tomber les culots de gargousse et la crasse, et le passe aussitôt au deuxième servant de droite qui le pose sur le pont; il saisit le refouloir de la main gauche.

Le chef de piece introduit le dégorgeoir dans la lumière pour s'assurer qu'elle est parée. Si elle ne l'était pas, il ferait le commandement : *Ecouvillonnez* et le deuxième servant de droite renverrait aussitôt l'écouvillon au chargeur pour recommencer le mouvement. Le chef rebouche la lumière.

Le dernier servant de droite nettoie le marteau, visite l'escargot et l'écouvillon; les garants de côtés sont passés aux derniers servants qui les laissent reposer sur le pont. (ACTION!)

6e COMMANDEMENT.

LA CHARGE DANS LE CANON, A LA POUDRE!

Un Temps.

Le premier servant de gauche fait un demi à gauche, reçoit du pourvoyeur la gargousse qu'il place dans le canon, le culot le premier; il met ensuite et successivement dans la pièce le boulet et le valet, qui lui sont donnés, l'un après l'autre, par le deuxième servant de gauche, qui reprend son poste.

Le premier servant de droite, pendant ces mouvements; empêche, au besoin, la charge de tomber, en mettant la main droite devant la bouche de la piece.

Des que la charge est introduite, le premier servant de droite et le premier de gauche l'enfoncent vivement au fond de l'âme avec le refouloir, par des mouvements successifs et à toute longueur de bras, en appuyant fortement sur elle au dernier mouvement. Le chargeur s'assure qu'elle est rendue par la longueur de la hampe, en avertit le chef en frappant sur le bourrelet de la pièce; il allonge le bras droit de toute sa longueur, a la main gauche sur la volée, le corps incliné en avant, prêt à refouler. Le premier servant de gauche, dans une position semblable, tient la hampe du refouloir de la main gauche.

Des que le pourvoyeur a remis la gargousse, il va en chercher une autre, ayant le gargoussier sous le bras gauche et la main droite sur le couvercle. (ACTION!)

7e COMMANDEMENT.

REFOULEZ !

Un Temps.

Les chargeurs refoulent deux coups; celui de gauche revient aussitôt à sa place; celui de droite retire le refouloir, le passe au second, qui le pose sur le pont, et il reprend son poste.

Dès que ces mouvements sont exécutés, le chef de pièce perce la gargousse d'un seul coup de poignet; s'il s'apercevait qu'elle ne fût pas rendue, il ferait le commandement : *Refoulez*, et les chargeurs reprendraient leurs postes pour refouler de nouveau. En même temps le dernier servant de gauche engage l'anspect dans l'anneau carré, se porte vivement au palan de retraite, en défait la demi-clef, prend le garant des deux mains, met le pied sur l'estrope de la poulie et se dispose à filer dès que la pièce ira en batterie. Le dernier servant de droite et l'avant-dernier de gauche rabraquent les garants qui reposaient sur le pont et les placent ainsi dans les mains des autres servants. Les premiers servants de droite et de gauche s'assurent que les coins d'arrêt peuvent s'enlever facilement. Si l'exercice continue, on reprendra au deuxième commandement, après les mots : *Perce la gargousse.*

8e COMMANDEMENT.

EN BATTERIE !

Deux Temps.

Premier temps. Le chef de pièce prend l'anspect de la main gauche et se dispose à s'en servir pour diriger la pièce au milieu du sabord; les premiers servants décalent les roues et posent les coins d'arrêt derrière eux, puis ils soutiennent les bragues, pour qu'elles ne s'engagent pas pendant le mouvement. (ACTION!)

Deuxième temps. Le chef de pièce fait un signal de la main droite auquel tous les servants agissent ensemble pour mettre la pièce en batterie droit au milieu du sabord. Aussitôt qu'elle y est, le quatrième servant de gauche dégage l'anspect et le pose sur le pont; le chef amorce et assujettit la pièce, en passant un tour de chaque garant au collet du bouton. Les garants sont tenus par les deuxièmes servants de chaque côté. (ACTION!)

Nota. Il y aurait célérité à placer l'étoupille dans la lumiere aussitôt que le chef de piece a percé la gargousse, il faut donc, dans le courant du feu, laisser à l'intelligence du chef le soin d'amorcer, sans moment précis, aussitôt qu'il juge l'instant favorable, avant que la piece ne soit en batterie.

Si l'on continue l'exercice, on le reprend au 3e commandement.

9e COMMANDEMENT.

TAPEZ, AMARREZ LES CANONS !

Deux Temps.

Premier temps. Le troisième servant de droite remet le couvre-lumière au chef de pièce, qui l'amarre sur la culasse, décapelle ensuite les garants et les fait tenir par les derniers servants; il fixe entre les flasques et les garants le mou de la brague qui est soutenue par les deuxième servants; il les arrête par un tour mort au collet du bouton en passant ensuite le double de chaque garant entre ce garant et la plate-bande de culasse de dessus en dessous. (ACTION!)

Deuxième temps. Le premier servant de droite met la tape au canon, les autres servants rouent les garants des palans de côté, les amarrent le long des flasques; le dernier servant de gauche décroche le palan de retraite et le met à sa première place.

Les objets apportés de soutes, et qui ne doivent pas rester dans les batteries, y sont reportés par les canonniers qui avaient été les prendre. (ACTION!)

NOTES

SUR LES DIVERS COMMANDEMENTS

DE L'EXERCICE DU CANON.

ROULEMENT !

A défaut de tambour on y supplée par le commandement *roulement !* et on finit le mouvement par celui : *fin du roulement !*

L'œil dirigé du côté du chef, etc. Comme il importe de ne pas augmenter le bruit et la confusion inséparables d'un exercice par des commandements faits à haute voix, toutes les fois que l'obscurité, la fumée ou d'autres causes ne s'opposseront pas, ces commandements seront remplacés par les signes convenus. Tous les servants devront donc avoir le soin de ne jamais perdre de vue le chef de pièce.

1er COMMANDEMENT,

DETAPEZ, DÉMARREZ VOS CANONS !

L'assujettir contre le bord, etc. Toutes les fois que les mouvements ou l'inclinaison du navire ne sont pas assez considérables pour déranger l'affût, il est inutile de passer un tour de chaque garant au bouton de culasse. Dans ce cas, les garants sont élongés sur le pont, hors de la direction des roues, le double revenant en abord où est levé le reste du garant : il est ainsi prêt à filer quand la pièce vient au recul.

S'il y a du roulis, ou si l'on est à la bande sur l'autre bord, la pièce est maintenue ainsi qu'il est dit dans l'exercice ; mais le chef a l'attention, pour faciliter le pointage, de faire mettre en dessous le garant, du côté où il prévoit que la culasse doit être jetée. Le chef amarre ensuite le coussin au piton des flasques à l'aide de son raban.

Si la pièce n'était pas chargée, on ne la ferait pas saisir ; on la mettrait de suite hors de batterie par les moyens indiqués au premier temps du quatrième commandement *feu*, et l'on continuerait la manœuvre.

2e COMMANDEMENT.

AMORCEZ !

Et presse fortement avec le pouce le godet sur le champ de lumière, etc. Il est essentiel que les bords du godet appuient contre la lumière, afin que le choc du marteau ne puisse être amorti et qu'il n'y ait pas de *raté*. Si l'on manque d'étoupilles ou si le percuteur a été démonté et qu'il ne puisse être immédiatement remplacé, le chef se fait donner une corne d'amorce qui est munie de son épinglette; il la capelle en bandoulière de gauche à droite; il prend la corne d'amorce de la main droite, le gros bout en l'air, le petit doigt sur la détente, les ongles en dessus, et introduit de la poudre dans la lumière avec l'épinglette qu'il tient de la main gauche, en ayant soin de ne pas la laisser engorger: il remplit de poudre le champ de lumière et prolonge une trainée dans le canal en avant de la lumière, il s'assure ensuite que la corne d'amorce est bien fermée et il la prend à deux mains pour écraser la poudre à l'extrémité de la trainée qui doit être allumée par le boute-feu; puis il ôte avec la main gauche le pulvérin qui s'est attaché à la corne et la passe derrière lui, le petit bout du côté gauche.

3e COMMANDEMENT.

POINTEZ !

Le chef de pièce place la hausse, etc. L'indication de la distance est donnée par le commandant. Si le chef de pièce n'a pas reçu cette indication et s'il n'a pas près de lui aucun officier ou élève qui puisse la lui donner, il y supplée par sa propre appréciation. Le chef, pour donner à la hausse la hauteur convenable, doit bien savoir aussi quelle sorte de gargouse et quelle espèce de projectile ont été mis dans le canon.

Relèvent ou abaissent la culasse au signal du chef de pièce, etc. Quand le chef veut faire embarrer sous la culasse, il place la main gauche sur la plate-bande, et, tant qu'il tient les doigts élevés les servants doivent élever la culasse; lorsqu'il les abaisse, ils doivent abaisser, mais lentement et sans secousses, pour que le chef puisse suivre facilement la ligne de mire et pousser promptement le coin de mire quand il voit que la hauteur est bonne.

Si le pointage doit être assez oblique pour qu'il faille pointer en direction avant de pointer en hauteur, le chef place la main gauche sur le bouton de culasse et indique de la main droite le sens dans lequel il veut faire jeter l'affût; la vivacité et l'amplitude de ses mouvements indiquent aux servants que l'affût devra être plus ou moins jeté à droite ou à gauche. Pour faire tenir bon, le chef ramene la main droite vers le bouton et la tient horysontale.

3

Dès que le chef prend le cordon du percuteur, les servants embarrent aux flasques et jettent l'affût à d oite ou à gauche suivant les signes que le chef fait alors avec la main gauche, tenant le bras naturellement allongé. Pour faire tenir bon, le chef renverse la main; la paume tournée vers le pont.

Le chef fait le signe : *à postes*, *etc.* Le signe *à postes* se fait en élevant le bras gauche; ce signe, qui n'est que la première partie de celui qui indique que le chef va faire feu, et qui s'exécute en abaissant vivement le bras gauche, ne doit être fait qu'au moment même d'envoyer le coup, afin de n'être pas obligé de revenir à l'embarrage quand déjà les anspects ont été enlevés.

RÈGLES POUR LE POINTAGE.

Les détails de l'exercice indiquent d'une manière générale comment on doit exécuter les temps du pointage; les circonstances dans lesquelles on se trouve pendant un combat peuvent en modifier l'exécution. Il y a diverses espèces de pointages que l'on désigne par les expressions suivantes:

En belle. La ligne de mire horizontale et la pièce dirigée droit au milieu du sabord;

Direct. La pièce au milieu du sabord, mais l'axe pouvant être incliné de haut en bas, selon la distance;

Oblique. Quand, pour pointer, il faut jeter la culasse vers l'avant ou l'arrière du navire, on dit : pointer en *chasse* ou en *retraite* pour exprimer que le pointage doit être le plus oblique possible vers l'avant ou vers l'arrière;

En plein bois. Quand on vise de manière à frapper au milieu de la hauteur de ce qui paraît de la coque du vaisseau ennemi, dans la direction du grand mât;

A couler bas, ou mieux *à la flottaison.* C'est pointer de manière à frapper à la flottaison. Il est avantageux, dans ce tir, de saisir le moment où le vaisseau ennemi se relève.

Il y aussi le tir à *démâter ;* mais ce tir, fort incertain, qui fait perdre presque tous les boulets et qui est une des plus graves erreurs de nos dernières guerres, est aujourd'hui presque complètement abandonné. Il ne doit être employé que sur l'ordre exprès du commandant du vaisseau. Ce tir consiste à viser de manière à frapper au trelingage, principalement celui du mât de misaine.

Le tir est dit *de plein fouet*, quand le boulet atteint directement l'objet; il est dit *à ricochets* quand le boulet touche l'eau avant d'arriver au but. Cette dernière espèce de tir, auquel on a reconnu de grands avantages, doit être employé le plus souvent dans les temps modérés, quand la mer n'est pas agitée

On dit encore tirer *en enfilade* quand le boulet prend l'ennemi de l'arrière à l'avant ou de l'avant à l'arrière, tirer *en écharpe* quand le boulet prend l'ennemi obliquement dans la direction d'un des bossoirs ou d'une des hanches.

Le chef de pièce doit toujours se rappeler que, dans les pointages *directs*, il faut d'abord pointer en hauteur, et ensuite rectifier la direction, s'il y a lieu. Mais, si le pointage est oblique, on doit mettre d'abord la pièce à peu près en *directian*, pointer ensuite en *hauteur*, et enfin compléter et rectifier la direction. Si l'on n'agissait pas ainsi dans les pointages obliques, la seconde partie du mouvement dérangerait tellement les résultats obtenus dans la première, qu'on perdrait du temps à recommencer le pointage.

Lorsque le navire a de grands mouvements de roulis, on pointe en hauteur en mettant la pièce dans la position naturelle, c'est-à-dire à peu près parallèlement au pont. On attend ainsi que les mouvements du vaisseau amènent la ligne de mire dans la direction de l'objet sur lequel on doit viser. Si, au contraire, les roulis sont modérés et si le navire est à la bande, le chef place sa pièce pour la bande moyenne occassionnée par l'action du vent sur la voilure, et que le navire conserverait s'il n'en était dérangé sans cesse par l'action combinée de la mer et du vent.

Lorsqu'il y a double charge de projectiles, il faut pointer plus haut parce qu'il en résulte moins de portée.

Si les hausses ne donnent pas d'indication pour le cas des doubles projectiles, l'intelligence du chef de pièce devra y suppléer.

Le chef doit aussi tenir compte des embardées; mais, comme ces mouvements sont lents et incertains, il ne doit pas attendre comme pour ceux du roulis, et il n'hésitera pas à faire jeter la pièce sur l'avant ou sur l'arrière pour arriver promptement à la direction voulue.

Si la mer est belle, le chef envoie son coup quand le vaisseau s'abaisse vers l'ennemi plutot que lorsqu'il se relève, afin de conserver la chance des ricochets.

Dans les exercices, les chefs de pieces devront toujours chercher a viser sur un objet déterminé et à le suivre dans les embardées et les divers mouvements du bâtiment.

4e COMMANDEMENT.

FEU!

Le chef de pièce attend, etc. Le chef de piece ne doit jamais faire feu s'il n'est pas bien au pointage et si les servants chargés des garants ne les ont pas laissés tomber. Tirer au hazard, c'est consommer des munitions, échauffer la piece, fatiguer les servants, faire de le fumée et perdre du temps inutilement: il ne faut donc jamais se presser de tirer si le coup n'est pas sûr.

Il fait feu, etc. Pour que l'étoupille s'enflamme, il faut que le marteau du percuteur frappe fortement sur le godet. Afin de produire cet effet d'une maniere certaine, le chef doit tenir le cordon tendu, la main à la hauteur du piton du percuteur, et haler fortement et sans secousses.

Si l'étoupille a été écrasée sans avoir pris feu, le chef la change, si elle brûle en fusant et sans faire partir le coup. le chef doit attendre que la lumiere ne fume plus pour amorcer de nouveau; et, pour le faire, il se place à gauche de la piece: il doit ensuite rectifier son pointage avant de faire feu. S'il est tombé quelque parcelle d'étoupille allumée où de poudre sur le pont, il faut les mouiller avec le faubert.

Si l'on doit mettre le feu à l'aide du boute-feu, voici comment on s'y prendra :

Le dernier servant de droite saisit le pied du boute-feu de la main droite, en tient la tête de la main gauche, et vient se placer vis-à-vis de la lumiere, faisant face en dedans; il se baisse pour souffler la meche, et le porte ensuite à quatre doigts du canon, par le travers du canal de lumiere, le tenant le bras tendu, les ongles en dessus. Il met le feu au commandement du chef, en portant la meche à l'extrémité de la trainée de poudre. Si, dans ce cas, l'amorce, tout en prenant feu, ne fait pas partir le coup, le chef, apres avoir pris pour amorcer de nouveau les précautions indiquées plus haut, devra ne plus amorcer avec la corne d'amorce, mais bien en prenant de la poudre dans le creux de la main.

Si l'on était démâté et qu'une partie de la batterie fût masquée par les voiles ou les cordages, le chef ne devrait pas tirer afin de ne pas s'exposer à y mettre le feu.

Si l'on était muni des étoupilles *billette*, qui s'enflamment par frottement, et qui sont fixées dans la lumiere au moyen d'un arrêtoir à crochet, le chef, apres avoir engagé le nœud du bout rugueux dans la bague du cordon, se porterait en arriere et au delà du recul de la piece: il tiendrait le cordon fléchi et ferait feu en donnant un coup de poignet brusque, comme s'il voulait rompre une ligne fixée par l'une de ses extrémités.

A ce signal du chef, etc. Au moment où le chef de piece abaisse le bras gauche qu'il tenait élevé, les servants abandonnent vivement les garants. Lorsque la mer est belle et que la batterie est armée du bord sous le vent, les servants peuvent abandonner les garants de coté des que le chef fait le signal : *à postes.*

Il est impossible de roidir le garant du palan de retraite assez vite pour empêcher l'affut de passer au recul sur ce palan. Aussi, des que le chef fait le signe *à poste*, le dernier servant de gauche doit saisir tous les garants ensemble hors de la direction de la piece. Les autres servants, des que le coup est parti, se portent vivement sur le courant pour le rabraquer. Les chargeurs doivent tenir les coins d'arrêts à la main pour les jeter sous les roues au recul de la pièce.

S'il y a du roulis ou si le vaisseau a des rappels au vent, et que le canon tende à retourner de lui-même au sabord, le dernier servant de droite doit genoper les garants du palan de retraite avec les deux mains, pendant que le dernier servant de gauche fait la demi-clef:

Pour que les coins d'arrêt soient faciles à retirer, les chargeur doivent avoir l'attention de ne les engager que par une partie de leur largeur et un peu obliquement.

5e COMMANDEMENT.

BOUCHEZ LA LUMIÈRE, ÉCOUVILLONNEZ, AU REFOULOIR!

Pour voir si elle est dégagée, etc. Si le chef de piece ne peut parvenir à parer la lumiere, il en prévient l'officier ou le maitre le plus à portée, qui la fait dégager par les canonniers porteurs des vrilles et des vilebrequins.

Il la bouche bien ensuite, etc (1) On recommande de bien boucher la lumiere, afin d'étouffer le feu qui pourrait être resté au fond de l'âme et pourrait enflamer la gargousse quand elle sera introduite dans le canon. Cette précaution est de la plus haute importance, et il ne faut jamais, quelle que soit la vivacité du tir, que le chef cesse de tenir la lumiere exactement bouchée tout le temps que les chargeurs sont devant la piece. La plupart des accidents survenus dans les exercices à feu doivent être attribués au peu d'attention des chefs de piece qui avaient mal bouché la lumiere.

Que celui-ci enfonce dans la pièce, etc. Le chargeur doit avoir l'attention de ne pas faire frapper l'écouvillon au fond de l'âme, afin de ne point écraser le tire-bourre et de ne point le mettre hors d'usage.

Tourne plusieurs fois, etc. Il faut écouvillonner avec beaucoup de soin pour décrasser la piece et en retirer tout ce qui peut s'y trouver d'étranger. Toutes les fois que l'écouvillon ne peut enlever les culots de gargousse, on passe le tire-bourre dans le canon.

Le frappe plusieurs fois, etc. Le mouvement de frapper l'écouvillon ne doit jamais durer un temps plus long que celui nécessaire au chef pour s'assurer que la lumiere est dégagée. La propreté de l'écouvillon ne doit jamais arrêter la charge. Ainsi que l'indique l'exercice, c'est le dernier servant de droite qui est particulierement chargé de visiter l'escargot et de le nettoyer.

C'est pendant l'exécution de ce mouvement que la piece doit être rafraichie, s'il y a lieu. A cet effet, on asperge l'écouvillon avec la main avant de l'introduire dans le canon.

(1) On s'est servi avec avantage, à bord de quelques bâtiments, d'un tampon de lumière qui rend au chef de pièce la liberté des deux mains. L'emploi de ces tampons ne saurait toutefois être conseillé que si l'on avait la certitude qu'il seront toujours fabriqués avec le plus grand soin; car, s'ils étaient mal confectionnés, leur usage pourrait devenir fort dangereux, parce que la compression de l'air dans la pièce, en introduisant la charge, peut faire sauter le tampon.

Lorsque la mer est assez grosse pour obliger de fermer les sabords des batteries basses aussitot que le coup est parti, le chef de piece fait mettre la bouche du canon vis-à-vis du hublot, afin de pouvoir y passer les hampes de l'écouvillon et du refouloir. Si l'on était abordé et si l'on ne pouvait se servir des hampes en bois, on emploierait des écouvillons et des refouloirs à hampes de cordes.

Il ferait le commandement: Écouvillonnez, etc. Il arrive si rarement que l'on ait à recommencer la manœuvre d'écouvillonner et même de refouler la charge dans le canon ordinaire, que, pour ces cas exceptionnels on a pu revenir aux commandements à la voix, sans craindre de troubler le silence de la batterie.

6e COMMANDEMENT.

LA CHARGE DANS LE CANON, A LA POUDRE!

Reçoit du pourvoyeur la gargousse, etc. En remmettant la gargousse au premier servant de gauche. le pourvoyeur ne tient le gargoussier ouvert que le moins de temps possible et à l'abri du feu de la pièce voisine. Lorsque la gargousse se trouve crevée dans le gargoussier, il ne faut pas la sortir de crainte de répandre la poudre. Dans ce cas, le pourvoyeur renvoie son gargoussier à la soute, et prévient de cet accident en le remettant au passage des poudres. Si la gargousse se crève dans l'âme, de manière à laisser une traînée de poudre dans le canon, on met un valet plein sur la gargousse afin de bien ramasser toute la poudre.

Il est dit de placer le culot le premier, afin que la partie excédante de la gargousse, connue sous le nom de *collet*, n'empêche pas cette gargousse d'aller jusqu'au fond de l'âme, et n'y laisse pas de débris qui l'obstruent et y conservent du feu.

Depuis l'adoption des charges au 1/4 et au 1/6, il est devenu inutile de saigner la gargousse. Le but qu'on se proposait, et qui était de moins fatiguer la pièce et de faire produire plus d'éclats au boulet, est atteint au moyen des nouvelles charges.

Il met ensuite et successivement, etc. Pour faciliter la charge simultanée, la partie de la gargousse qui est au delà de la sourliure doit être coupée à une longueur de deux pouces et étalée en cocarde, de manière que le boulet, en se rendant au fond du canon, ne puisse s'engager en mordant sur le bout de la gargousse.

On ne doit pas mettre dans la pièce plus d'un projectile, à moins d'ordre exprès du commandant de la batterie. Si l'on doit charger à boulet et à mitraille, la mitraille doit être placée par dessus le boulet. Dans ce cas on devra revenir à l'usage du valet plein.

Le valet se met toujours le dernier, et, quel que soit le nombre de projectiles, il n'y a jamais qu'un seul valet. On a renoncé à mettre un valet sur la gargousse, parce qu'il diminuait la portée de la pièce, en augmentait le recul, et rendait la charge plus longue à exécuter.

On se sert, dans la marine: de deux sortes de valets qui sont:

1° Le valet *erseau*, auquel on a soin, pour rendre son introduction dans la pièce plus aisée, d'enlever une section d'environ deux centimètres, rend l'introduction de la charge simultanée facile, et maintient dans l'âme d'une manière suffisante, en se plaçant comme un coin entre les parois de la pièce et le boulet. Il est aussi d'un placement commode à bord.

2° *Le valet plein, de forme cylindrique.* Ce valet est susceptible de se déformer à bord, et il faut souvent le battre et le rouler pour le faire entrer dans le canon. Il rend la charge simultanée difficile et quelquefois même impossible. *Le valet plein* ne devra donc être employé que dans le cas où, la gargousse s'étant crevée dans la pièce, il faudra ramasser la poudre au fond de l'âme; ensuite, lorsque le canon devra rester long-temps chargé, attendu que l'on pourra, avec ce valet, retirer la charge sans crever la gargousse. Mais, dans ce cas, on aura le soin d'amarer le valet sur le collet de la gargousse. qu'il préservera du choc du boulet; au roulis, si ce dernier venait à prendre du jeu dans le canon.

Les valets *erseaux* venant à manquer, on pourrait les remplacer par un simple bout de corde d'une grosseur et d'une longueur égale à celle du valet erseau ordinaire.

Si le boulet ne peut entrer dans la pièce, il est mis de côté pour être nettoyé; s'il s'arrête dans l'intérieur du canon on ne doit pas le forcer, mais bien le retirer. Cela s'effectue en levant la culasse et en lui donnant quelques secousses contre le seuillet du sabord, ou bien au moyen de la cueiller.

S'assure qu'elle est rendue par la longueur de la hampe, etc. Les marques des hampes doivent pouvoir être reconnues de nuit comme de jour. Elles sont faites, pour la charge moyenne, au *quart*, et le chargeur apprécie les différences qui existent selon la charge qui est employée. Il importe, pour ne pas fatiguer la pièce et ne pas l'exposer à éclater, qu'il ne reste pas d'espace libre entre la gargousse et le boulet: le chargeur devra donc toujours consulter cette marque avec soin, afin d'être assuré que la charge est rendue.

Dès que le pourvoyeur a remis la gargousse, etc. En allant prendre une autre gargousse, le pourvoyeur doit passer du coté opposé à celui qui est armé, en tenant toujours son garde-feu soigneusement fermé.

7e COMMANDEMENT.

REFOULEZ.

Les chargeurs refoulent deux coups, etc. Il ne faut point

trop refouler sur la charge; la poudre réduite en poussière s'enflamme plus lentement et donne moins de portée au boulet. On s'expose également à faire adhérer au fond de l'âme le culot, qui, en y séjournant, nuit à la charge suivante.

8e COMMANDEMENT.

EN BATTERIE !

Pour diriger la pièce au milieu du sabord, *etc.* Le chef doit veiller à ce que la pièce se rende au milieu du sabord, afin que le pointage à faire soit plus facile, et qu'au besoin on puisse fermer les sabords dans les batteries hautes. Mais, si le pointage doit être constamment oblique, il faut alors maintenir la pièce en direction autant que cela peut se faire sans gêner les chargeurs.

Tous les servants agissent ensemble, *etc.* Les servants, pour mettre la pièce au sabord, agissent ensemble sur les garants, main sur main, et non par secousses. Le dernier servant de gauche qui a défait la demi-clef du palan de retraite, pose le pied sur la poulie simple et tient le garant des deux mains; il ne file qu'à retour, surtout quand il y a du roulis ou que le vaisseau incline du bord où l'on se bat. Sans cette précaution, la pièce irait frapper la muraille trop fortement, ce qui dérangerait la charge et fatiguerait l'affût.

Il y a aussi une maniere de contretenir sûrement la piece au moyen du palan de retraite, quelle que soit l'amplitude du roulis; c'est de prendre un demi-tour du garant à filer par-dessus tous les autres, de maniere à les brider légerement ensemble, quand les roulis sont modérés. Si, au contraire, les roulis sont excessifs, on prend un tour entier, au moyen duquel on a la faculté de tellement brider ces garants entr'eux, que tout danger d'être gagné par la piece disparait entierement. Alors, pendant que le cinquieme servant de gauche file le garant, le dernier servant de droite le lui pare et fournit de quoi filer.

9e COMMANDEMENT.

TAPEZ, AMARREZ VOS CANONS!

On suppose que l'amarrage doit être simple; s'il devait être d'un autre genre, il faudrait l'énoncer. Mais si, dans l'exercice ou le combat, s'il s'agissait d'amarrer momentanément la piece pendant qu'on irait servir celle de l'autre bord, on les amarrerait, soit en batterie, avec les palans de coté, pour les batteries hautes, soit au recul, avec les coins d'arrêt sous les roues et le palan de retraite roidi, pour les batteries basses, afin de pouvoir fermer les sabords s'il y avait lieu. Quand le roulis exige un amarrage plus solide, on laisse deux ou trois servants pour exécuter celui qui est prescrit, et ces servants rejoignent le chef de pièce dès qu'ils ont fini.

Nota. Lorsque, près une action longue et meurtrière, l'équipage d'un navire aura été tellement réduit, qu'il ne restera plus, à chaque pièce, un nombre de servants suffisant pour le service de ces pièces, on pourra alors tirer sans mettre en batterie ; c'est ce que l'on nomme *tirer à longueur de bragues.* Il faut, dans ce cas, racourcir la brague, soit en la bridant sur l'avant de l'affût ou autrement, de manière que la bouche de la pièce affleure la tranche extérieure du sabord, roidir les palans de côté et caler les roues de derrière avec un faubert mouillé saupoudré de cendre ou de sable, afin de soulager l'effort que la brague aura à supporter. Le palan de retraite sera aussi bien roidi, et même, au besoin, renforcé par son garant, que l'on fera passer plusieurs fois dans l'estrope de culasse, ainsi que dans la boucle du palan de retraite. Les coins d'arrêt seront placés avec soin sous les roues de l'avant, afin d'empêcher la pièce de revenir au sabord. Il faudra, en outre, veiller plus que jamais aux accidents du feu.

DÉSARMER UN BORD POUR ARMER L'AUTRE.

1er COMMANDEMENT.

POUR ARMER L'AUTRE BORD !

Le troisième servant de droite passe le couvre-lumière au chef de pièce qui le place sur la culasse, puis il fait mordre le double de chaque garant entre le garant lui-même et la plate-bande de culasse ; il dépose l'équipement sur le bouton de culasse. (ACTION!)

2e COMMANDEMENT.

CANONNIERS, PAR LE FLANC DROIT ET PAR LE FLANC GAUCHE, A DROITE ET A GAUCHE !

Les servants de droite font par le flanc gauche, ceux de gauche par le flanc droit ; le chef de pièce et le pourvoyeur font demi-tour pour être prêts à se porter à la pièce correspondante de l'autre bord. (ACTION!)

3e COMMANDEMENT.

MARCHE !

La file de droite marque le pas pour laisser passer la file de gauche, qui part la première et se porte à la gauche de la pièce correspondante de l'autre bord, où elle se forme sur la droite par file en bataille ; la file de droite qui part ensuite se forme à la droite de la même pièce sur la gauche par file en bataille ; le chef de pièce s'équipe, la lumière est découverte, le canon détapé, démarré, et les ustensiles sont mis en place s'ils ne l'étaient pas. (ACTION!)

POUR SORTIR DE BATTERIE.

1er COMMANDEMENT.

POUR SORTIR DE BATTERIE, CANONNIERS A DROITE ET A GAUCHE !

A ce commandement, les servants de droite font à gauche,

ceux de gauche font à droite, le chef de pièce et le pourvoyeur font demi-tour.

2. COMMANDEMENT.

CHEFS DE PIÈCE, TROIS PAS EN AVANT MARCHE!

Au commandement de *marche*, les chefs de pièce font trois pas en raccourcissant le dernier; ils tournent la tête à droite et s'alignent.

3e COMMANDEMENT.

HORS DE BATTERIE, MARCHE!

Les servants se portent en avant jusqu'à ce que les derniers qui marchent les premiers soient sur l'alignement des chefs de pièce qui, alors, commandent: *halte!*

e4 COMMANDEMENT.

POUR FAIRE FACE A L'AVANT, CANONNIERS PAR LE FLANC DROIT OU PAR LE FLANC GAUCHE (A DROITE OU A GAUCHE)!

Les canonniers font par le flanc pour faire face à l'avant.

5. COMMANDEMENT.

PAS ACCÉLÉRÉ, MARCHE!

Les canonniers se mettent en marche en colonne jusqu'à ce que le tambour batte la breloque, à laquelle ils rompent les rangs.

Exercice des deux Bords.

UN BORD ÉTANT ARMÉ, ARMER L'AUTRE BORD.

PRÉPARATION.

1er COMMANDEMENT.

POUR ARMER LES DEUX BORDS !

Les chefs des pièces paires (1), si l'on est à tribord, ceux des pièces impaires, si l'on est à bâbord, déposent la boite à étoupilles sur le bouton de culasse ; le dernier servant de droite dépose le tablier. (ACTION!)

2e COMMANDEMENT.

CANONNIERS PAR LE FLANC DROIT ET LE FLANC GAUCHE, A DROITE A GAUCHE! (2)

Les servants de droite des pièces qui désarment font à gauche ceux de gauche font à droite ; les chefs de pièces et les pourvoyeurs font demi-tour : tous se tiennent prêts à se porter à la pièce correspondante de l'autre bord.

Les trois premiers servants de droite des pièces qui ne désarment pas fond à gauche, et le premier servant de gauche fait à droite. (ACTION!)

3e COMMANDEMENT.

MARCHE !

Les chefs qui ont fait demi-tour se rendent avec leurs servants aux pièces correspondantes de l'autre bord, et détachent, chemin faisant, les trois premiers servants de droite à la pièce voisine à droite : le premier comme chef de pièce, le deuxième

(1) Les pièces sont numérotées à partir de l'avant.

(2) Dans les exercices à volonté, ce commandement et les suivants sont faits par les chefs de pièce.

comme chargeur, et le troisième comme premier servant de gauche. A cet effet, les servants de droite marquent le pas jusqu'à ce que le dernier homme de la file de gauche les ait dépassés; ils partent alors, et tous se rendent à leurs postes en se formant, les servants de gauche sur la droite par file en bataille, et ceux de droite sur la gauche par file en bataille.

Les chefs qui n ont pas quitté leurs pièces s'équipent du tablier, et envoient à la pièce voisine à droite, devenue vacante, les trois premiers servants de droite; le premier comme chef de pièce, le deuxième comme chargeur, le troisième comme premier servant de gauche.

Les chargeurs, détachés comme chefs de pièce, prennent le titre de chefs provisoires, et les autres, celui de chefs titulaires. A chacune des pièces des deux bords où se trouve le chef titulaire, le premier servant de gauche devient chargeur, et le deuxième premier servant de gauche. Chaque chef, à son arrivée à la nouvelle pièce qu'il va servir, s'équipe de la boîte à étoupilles, du doigtier ou tampon de lumière et du tablier. Les écouvillons et les refouloirs sont passés à gauche des pièces dans toute la batterie. Le chef de pièce démarre le couvre-lumière, et fait détaper le canon. (ACTION!)

L'exercice commencera par les chefs titulaires, parce que, seuls, ils ont assez de monde pour manœuvrer la pièce, qui est supposée chargée.

EXERCICE.—1re PARTIE.

1er COMMANDEMENT.

CHEFS TITULAIRES, DÉGORGEZ, AMORCEZ!

Les chefs titulaires seuls amorcent, après avoir mis leur pièce en batterie, si elle n'y était pas. (ACTION!)

2e COMMANDEMENT.

CHEFS TITULAIRES, POINTEZ!

Les chefs titulaires seuls passent par tous les temps du pointage. (ACTION!)

3e COMMANDEMENT.

CHEFS TITULAIRES, FEU!

Les chefs titulaires attendent le moment favorable, et ils exécutent le feu; aidés par leurs servants, ils mettent les pièces hors de batterie, et font eux-mêmes la demi-clef au palan de retraite. (ACTION!)

4e COMMANDEMENT.

SERVANTS MOBILES, CHANGEZ!

Les chefs de pièce qui viennent de tirer ne conservent avec eux que les premiers servants de droite et de gauche et le pourvoyeur; tous les autres, nommés servants mobiles, se portent à la pièce voisine, à droite, où ils occupent les mêmes postes qu'a celles du chef titulaire. Si cette pièce était rentrée, le dernier servant de gauche s'arrêterait à la demi-clef du palan de retraite, prêt à filer à mesure que la pièce irait en batterie. (ACTION!)

2me PARTIE.

1er COMMANDEMENT.

Chefs Titulaires :

BOUCHEZ LA LUMIERE, ECOUVILLONNEZ, AU REFOULOIR!

Le chef de pièce bouche la lumière, le premier servant de gauche remet à celui de droite, qui s'est porté à la volée du canon, l'écouvillon dont il se sert, comme il est prescrit dans l'exercice de détail. Pendant ce temps, le premier servant de gauche met à la portée du chargeur le refouloir en posant la hampe sur le seuillet du sabord, la tête sur le pont, touchant l'essieu de l'avant. Le chargeur remet au servant de gauche l'écouvillon, que celui-ci pose sur le pont, avant de passer par-dessus les palans et la brague, pour aider le chargeur dans ses fonctions.

Chefs Provisoires :

EN BATTERIE, DEGORGEZ, AMORCEZ

Les chefs provisoires mettent en batterie et amorcent leurs pièces.

(ACTION)

2e COMMANDEMENT.

Chefs Titulaires :

LA CHARGE DANS LE CANON.

Le premier servant de gauche reçoit du pourvoyeur la gargousse, qu'il introduit dans le canon. Le chargeur, qui s'est emparé du refouloir aussitôt après avoir remis l'écouvillon, l'empêche de tomber à la mer.

Après avoir remis la gargousse, le pourvoyeur accroche son gargoussier et fait l'office du deuxième servant de gauche ; il reprend ensuite son gargoussier pour aller à la poudre ; et revient à la pièce qui a fait feu ; les chargeurs enfoncent la charge au fond de la pièce, s'assurent qu'elle y est rendue, et se tiennent prêts à refouler.

Chefs Provisoires :

POINTEZ.

Les chefs provisoires passent par tous les temps du pointage.

(ACTION !)

3e COMMANDEMENT.

Chefs Titulaires :

REFOULEZ.

Les chargeurs refoulent.

Chefs Provisoires :

FEU.

On exécute le feu ; la demi-clef est faite par le chef de pièce.

(ACTION !)

4e COMMANDEMENT.

SERVANTS MOBILES, CHANGEZ !

Les servants mobiles retournent, comme il a été expliqué, à la pièce du chef titulaire. (ACTION!)

(Pour continuer l'exercice, les commandements seraient les mêmes, en appliquant aux chefs titulaires ce qui a été dit pour les chefs provisoires, et réciproquement.)

Pour achever l'exercice, après l'exécution du quatrième commandement, on fera les commandements suivants :

1er COMMANDEMENT.

Chefs Titulaires ou Provisoires :

(Ceux dont les pièces sont chargées).

EN BATTERIE !

Chefs Provisoires ou Titulaires.

(Ceux dont les pièces ne sont pas chargées),

BOUCHEZ LA LUMIÈRE, ÉCOUVILLONNEZ !

(ACTION !)

2e COMMANDEMENT.

. . . .

LA CHARGE DANS LE CANON !

(ACTION.)

3e COMMANDEMENT.

. . . .	REFOULEZ. (ACTION.)

4e COMMANDEMENT.

. . . .	SERVANTS MOBILES, CHANGEZ, (ACTION.)

5e COMMANDEMENT.

. . . .	EN BATTERIE. ACTION.

NOTA. Le commandement : EN BATTERIE ! ne se fait pas pour les batteries basses du vaisseau.

Après avoir fait l'exercice de la manière indiquée, il est nécessaire, comme transition et avant de passer à l'exercice à volonté, de faire cet exercice en trois commandements, savoir :

1er COMMANDEMENT.

Chefs Titulaires :	*Chefs Provisoires :*
ECOUVILLONNEZ ; CHARGEZ.	POINTEZ ; FEU.

(ACTION !)

2e COMMANDEMENT.

SERVANTS MOBILES, CHANGEZ !

(ACTION !)

3e COMMANDEMENT.

Chefs Titulaires :	*Chefs Provisoires :*
POINTEZ ; FEU.	ECOUVILLONNEZ ; CHARGEZ.

(ACTION !)

LES DEUX BORDS ÉTANT ARMÉS, ARMER UN SEUL BORD.

1er COMMANDEMENT.

CANONNIERS, TOUS A TRIBORD OU A BABORD !

Les écouvillons et les refouloirs sont passés à droite des pièces; les couvre-lumière du bord que l'on désarme sont mis en place; les chefs provisoires du bord qui reste armé, ainsi que les chefs titulaires et provisoires de celui que l'on désarme, laissent leur équipement sur le bouton de culasse. (ACTION!)

2e COMMANDEMENT.

CANONNIERS, A DROITE ET A GAUCHE!

Les servants font à droite et à gauche: les chefs de pièce fond demi-tour. Si l'on fait le commandement d'armer bâbord, ce sont les chefs de tribord, et les chefs provisoires de bâbord qui fond ce mouvement; si c'était tribord, ce serait le contraire qui aurait lieu. (ACTION!)

3e COMMANDEMENT.

MARCHE !

Les chefs pr ovsoires et leurs servants rejoignent la pièce du chef titulaire.

Les chefs qui doivent quitter leurs pièces se rendent alors avec tous les servants aux pièces correspondantes de l'autre bord. Les servants de droite marquent le pas, jusqu'à ce que ceux de gauche les aient dépassés, et tous se rendent à leurs postes en se formant sur la droite et sur la gauche par file en bataille: Ce mouvement terminé, chacun reprend son équipement. (ACTION!)

OBSERVATIONS

SUR L'EXERCICE DU CANON DES DEUX BORDS.

Si le nombre des canons de la batterie était impair, la manœuvre de la dernière pièce se ferait comme si la pièce correspondante de l'autre bord était une pièce voisine à droite.

Dans toute la batterie, les écouvillons et les refouloirs sont passés de droite à gauche par un mouvement d'ensemble, aussitôt que toutes les pièces sont armées, et l'on se règle, sur la première pièce de l'arrière.

Lorsque, dans un combat, on fait le commandement : *Armez les deux bords !* les chefs des pièces qui désarment commandent eux-mêmes les mouvements d'*à droite à gauche, marche !* mais ils ne quittent leurs pièces pour aller à l'autre bord que quand ils sont remplacés.

Les chefs des pièces qui ne désarment pas envoient de suite leurs trois premiers servants de droite à la pièce voisine à droite, pour continuer la charge commencée à cette pièce.

Pour achever l'Exercice.

Au roulement pour faire cesser le feu, les pièces qui ont tiré seront chargées et mises en batterie dans les batteries hautes; dans les batteries basses elles seront rentrées, et l'on chargera celles qui ont fait feu.

Les servants mobiles rejoignent ensuite la pièce du chef titulaire, afin d'éviter toute confusion dans le cas de désarmement d'un bord pour armer l'autre bord.

Les deux bords étant armés, armer un seul bord.

Pendant un feu à volonté, si l'on fait le commandement : *Canonniers, tous à tribord ou à bâbord !* les chefs de pièce du bord qui désarme achèvent la charge et mettent leur pièce en batterie, si l'on est dans une batterie haute, ou au recul, si l'on est dans une batterie basse; puis, sans autre commandement, ils vont, avec leurs servants, armer la pièce correspondante.

Les chefs du bord qui ne désarme pas continue le feu, et les chefs provisoires ne doivent rejoindre les chefs titulaires avec leurs servants que lorsqu'ils sont remplacés par les chefs de l'autre bord.

Caronade.

EXERCICE DE LA CARONADE A BRAGUE FIXE.

BRANLE-BAS DE COMBAT.

Il s'exécute comme pour le canon, si ce n'est que la caronade étant en ce moment à bragues fixes, il n'y a pas lieu d'allonger le palan de retraite. La caronade est supposée chargée.

RAPPEL ORDINAIRE.

Les canonniers se rendent à leurs caronades, et ils y prennent leurs postes suivant le rôle de combat et les dispositions établies à bord.

Au commandement d'approvisionner la batterie fait par le chef de la batterie, les pourvoyeurs vont prendre les gargoussiers et les autres objets non placés aux pièces. On retire les parties basses des sabords, s'il y a lieu; les leviers de pointages sont placés dans la mortaise de la semelle; les écouvillons-refouloirs sont mis sur le pont, à gauche de la pièce, le bouton tourné du côté de la muraille. Le chef s'équipe de la boîte à étoupilles, du doigtier et du tablier.

RAPPEL ACCÉLÉRÉ.

Aussitôt que les hommes sont rendus à leurs postes du bord que l'on a ordonné d'armer, le chef de la batterie commande l'approvisionnement des deux bords.

A ce commandement, le servant de droite se porte à la pièce correspondante de l'autre bord, où il est rejoint par le pourvoyeur, qui a été prendre les gargoussiers et les autres objets non placés aux pièces. Des hommes du passage des poudres sur le pont, conduits par un deuxième maître de la batterie, doivent apporter les cuillers, tire-bourre, bragues et vis de rechange, ainsi que des valets pour être distribués aux pièces.

On retire, s'il y a lieu, les parties basses des faux-sabords; les leviers de pointages sont mis en place, ainsi que les écouvillons-refouloirs. Les chefs qui restent aux pièces s'équipent ; ceux du bord opposé font placer l'équipement sur le bouton de culasse.

Après s'être assuré que la pièce est en état et munie de tout ce qui lui est nécessaire, les deux servants détachés rejoignent le chef à l'autre bord, et lui rendent compte de l'armement de la pièce.

Pendant que les pourvoyeurs on été prendre les gargoussiers, les servants de gauche apportent les bailles de combat et les mettent à leur place, après les avoir remplies d'eau, s'il y a lieu. Le servant de gauche de la première pièce de chaque section va prendre le boute-feu, et l'allume au besoin.

Les amarrages des bragues sont visités, et, si elles sont fixées aux crampes par des manilles, on s'assure que les clavettes des boulons sont maitenues convenablement.

LA GÉNÉRALE.

Les dispositions sont absolument les mêmes que pour le canon.

Les observations communes au canon et à la caronade ne seront pas répétées.

EXERCICE D'UN BORD.

ROULEMENT !

Les chefs de pièces font face au sabord, les servants font face à leur pièce ; le pourvoyeur se saisit du gargoussier comme pour le canon.

1er COMMANDEMNT.

DETAPEZ VOS CARONADES !

Un Temps.

Le servant de droite détape la caronade et place la tape contre le bord derrière lui. Le chef de pièce démarre le couvre-percuteur et le place contre le bord derrière le chargeur. Il relève le marteau, (ACTION!)

2e COMMANDEMENT.

DÉGORGEZ. — AMORCEZ !

Un Temps.

Le chef de pièce prend le dégorgeoir de la main droite, l'enfonce dans la lumière, s'assure que la charge n'a pas bougé, et perce la gargousse; il ouvre la boîte à étoupilles, en prend une, et l'introduit dans la lumière, en pressant fortement avec le pouce le godet sur le champ de lumière. Il renferme la boîte après avoir pris l'étoupille. (ACTION!)

3e COMMANDEMENT.

POINTEZ!

Deux Temps.

Premier temps. Le chef de pièce place la hausse au cran indiqué par le chef de la batterie, puis il se place à droite du levier du pointage, le pied gauche en avant et à plat, le genou ployé, la jambe droite allongée, la main gauche sur la culasse et la main droite à la poignée de la vis de pointage; il fait mouvoir la vis de manière à élever ou à baiser la culasse, jusqu'à ce que la caronade soit à la hauteur convenable, c'est à-dire, que la ligne de mire se trouve dirigée, autant que possibles, sur le point où l'on doit viser lorsque le bâtiment est dans une position moyenne à ses balancements de roulis; puis, il place son coin de mire sous la culasse et fait remonter la vis de quelque trous.

Si le pointage doit être très-oblique, le chef, avant de pointer en hauteur, ferait placer le levier dans la plaque du chassis et diriger la caronade dans le sens convenable par les servants; quand elle est à peu près en direction, le premier servant de droite met le levier dans la plaque de la semelle. Ces deux servants reprennent leur poste et le chef pointe en hauteur. (ACTION!)

Deuxième temps. Le chef de pièce se relève, prend le cordon du marteau de la main droite, et se porte vivement en arrière du levier de pointage, il vise en s'inclinant et en mettant dans le même alignement son œil, le point le plus élevé de la hausse, le point le plus élevé de la masse de mire et l'objet a battre; en même temps, les servants de droite et de gauche se portent au levier de pointage et dirigent la pièce à droite ou à gauche, suivant le signal du chef, qui achève de la mettre en direction.

Dès que le pointage est fini, le chef fait le signe: *A postes*, auquel les servants reprennent leurs postes; celui de droite retire le livier qu'il pose sur le pont devant lui. (ACTION!)

4e COMMANDEMENT.

FEU !

Un Temps.

Le chef de pièce attend que les mouvements du navire amènent la ligne de mire dans la direction du point où l'on doit viser ; et, quand il le voit près d'arriver, il fait feu en tirant fortement et sans secousses sur le cordon du percuteur. Dès que le coup est parti, le levier est remis dans la mortaise de la semelle par le chef de pièce. Si la caronade est placée dans une direction oblique, on la dresse de suite. Le chef de pièce lève le cordon, nettoie et relève le marteau.

5e COMMANDEMENT.

BOUCHEZ LA LUMIÈRE, ÉCOUVILLONNEZ !

Deux Temps.

Premier temps. Le chef de pièce prend le dégorgeoir de la main droite l'enfonce dans la lumière pour voir si elle est dégagée ; il la bouche bien ensuite avec le pouce de la main gauche (ou le tampon de lumière), jusqu'à ce que la pièce soit chargée, ne l'ôtant, pour sonder, que lorsque le chargeur est bien effacé.

Le servant de droite se porte à la volée de la caronade, passe le cords et la jambe droite en dehors du sabord, et pose le pied sur le support destiné à l'affermir dans cette position : son pied gauche est appuyé, en dedans, contre la fourrure de gouttière. (ACTION!)

Deuxième temps. Le servant de gauche remet l'écouvillon au servant de droite, qui l'enfonce dans la caronade et le tourne plusieurs fois dans le sens convenable, pour faire prendre le tire-bourre, il le retire en continuant à le tourner dans le même sens ; il l'appuie sur la volée de la caronade, et le frappe plusieurs fois en dévirant, pour faire tomber les culots de gargousses et la crasse. (1)

Le chef introduit le dégorgeoir dans la lumière pour s'assurer qu'elle est parée ; si elle ne l'est pas, il la rebouche et fait le commandement : *Écouvillonnez !* et l'on écouvillonne de nouveau jusqu'à ce qu'elle soit dégagée. (ACTION!)

(1) NOTA. S'il y avait des culots de gargousses adhérents à l'escargot, le chef les enlèverait de la main droite.

6e COMMANDEMENT.

LA CHARGE DANS LA CARONADE, AU REFOULOIR, A LA POUDRE !

Un Temps.

Le chargeur fait passer l'écouvillon au chef de pièce, qui le prend à peu près par le milieu de la de la hampe; la main droite renversée, les ongles en l'air, le coude au corps; il le change en refouloir en le faisant tourner verticalement à droite de la pièce, le bouton rasant le pont, et dirigeant l'écouvillon vers le sabord.

Le chargeur reçoit aussitôt du pourvoyeur la gargousse qu'il jette dans la caronade ; il place par-dessus, le boulet et le valet qui lui sont remis par le servant de gauche, lequel met la main gauche devant la bouche de la caronade pour empêcher le boulet d'en sortir ; le chargeur prend alors le refouloir que lui passe le chef de pièce, et il enfonce la charge : il s'assure qu'elle est rendue par la longueur de la hampe, en avertit le chef en frappant sur la volée ; il allonge le bras droit de toute sa longueur, a la main gauche sur la volée, le corps incliné en avant prêt à refouler.

Dès que le pourvoyeur a remis la gargousse, il va en chercher une autre, ayant le gargoussier sous le bras gauche et la main droite sur le couvercle. (ACTION !)

7e COMMANDEMENT.

REFOULEZ !

Un Temps.

Le servant de droite refoule deux coups, retire le refouloir et le passe au servant de gauche, qui pose sur le pont en le faisant tourner verticalement, pour que le bouton soit du côté de la muraille : il reprend son poste.

Dès que ces mouvements sont exécutés, le chef de pièce perce la gargousse d'un seul coup de poignet. S'il s'apercevait qu'elle ne fut pas rendue, il ferait le commandement, *refoulez!* et il reboucherait la lumière. Alors les servants reprendraient leur première position, et celui de gauche renverrait l'écouvillon au chargeur, après l'avoir, toutefois, changé en refouloir. (ACTION !)

NOTA. Si l'exercice se continue, on reprend au deuxième commandement, après les mots : *Perce la gargousse* ; s'il doit cesser, on termine par le commandement suivant :

8e COMMANDEMENT.

TAPEZ, AMARREZ VOS CARONADES !

Un Temps.

Les objets que l'on a retirés des soutes y sont reportés par les hommes qui avaient été les prendre ; le chargeur met la tape à la caronade ; le chef de pièce prend le couvre-lumière et l'amarre ; il ôte le levier de pointage, qu'il fait remettre contre la semelle ; il abaisse la culasse pour que le chargeur puisse mettre la partie basse du faux-sabord, et tous les attirails sont replacés où ils étaient avant la manœuvre. (ACTION !)

Si les deux bords sont armés et qu'on ne veuille pas les désarmer à la fois, lorsqu'on en a désarmé un, on fait le commandement : *armez l'autre bord* ! alors les canonniers se rendent aux pièces correspondantes, et remettent à leur place tous les objets d'armement des caronades. Si l'on veut, au contraire, les désarmer à la fois, on fait le commandement suivant :

TAPEZ ET AMARREZ DES DEUX BORDS !

Les objets que l'on avait retirés des soutes y sont reportés par les hommes du passage des poudres ou de la manœuvre qui avaient été les prendre ; le servant de droite passe à la pièce de l'autre bord, où il est rejoint par le pourvoyeur ; les pièces sont tapées, les couvre-percuteurs amarrés, les écouvillons refouloirs remis en place, et chacun revient à son poste à la pièce occupée par le chef. (ACTION !)

NOTES

SUR LES DVERS COMMANDEEMNTS

DE L'EXERCICE DE LA CARONADE.

5e COMMANDEMENT.

POINTEZ !

Après avoir pointé en hauteur, il est recommandé au chef de pièce de placer le coin de mire sous la culasse et de divisser quelques tours de la vis de pointage. Cette précaution a pour objet de ménager la vis que l'on pourrait fausser et la plaque de la semelle que l'on ne tarderait pas à détruire.

Si le coin de mire n'est pas maintenu par des coulisses sur la semelle, il est prudent de l'amarrer aux boucles de bragues ou à la brague elle-même pour l'empêcher de sauter.

Si l'on se bat du bord sous le vent, avec une forte bande, on retire la vis de pointage, afin d'abaisser la culasse le plus possible.

Si le pointage est très oblique, on embarre d'abord le levier dans la plaque de la semelle, puis dans celle du chassis, afin que les axes de ces deux pièces principales forment entre eux le plus petit angle possible

Il est prudent, après le pointage, de retirer le levier de le poser sur le pont. parce qu'en supposant même que ce levier soit retenu dans la plaque de la semelle par une goupille, la commotion imprimée à la caronade peut arracher celle-ci et faire sauter le levier, au risque de blesser les servants

Les caronades des embarcations se chargent et se pointent d'après les mêmes principes; mais, comme elles sont sur affût à coulisses, les servants de gauche, aidés des canotiers, s'il est nécessaire, palanquent la pièce de manière à ce que l'extrémité antérieures de la semelle se rapproche le plus possible de l'étrave. Pour obtenir le pointage en direction, on fait glisser la queue de la coulisse sur les bancs ou sur une plate-forme qui y est fixée.

DÉSARMER UN BORD POUR ARMER L'AUTRE BORD.

1er COMMANDEMENT.

ARMEZ L'AUTRE BORD !

On pose les équipements sur le bouton de culasse et on couvre la lumière. (ACTION !)

2e COMMANDEMENT.

CANONNIERS A DROITE ET A GAUCHE !

Les cannoniers font à droite et à gauche, le chef de pièce fait demi-tour, ainsi que le pourvoyeur. (ACTION !)

3e COMMANDEMENT.

MARCHEZ!

Le servant de gauche défile le premier, celui de droite ensuite, puis le chef de pièce; et, enfin, le pourvoyeur; ils se rendent, au pas accéléré, à leur postes de l'autre bord, où ils s'équipent et se tiennent prêts a commencer le feu. (ACTION)

OBSERVATIONS.—3e COMMANDEMENT.

Si l'on fait le commandement *d'armer l'autre bord* pendant un feu à volonté, les chefs de pièce continuent la charge, et, quand elle est terminée, ils se portent à l'autre bord avec leurs servants; sans autre commandement, ils se disposent à ouvrir le feu.

POUR SORTIR DE BATTERIE.

1er COMMANDEMENT.

POUR SORTIR DE BATTERIE,
CANONNIERS, A DROITE ET A GAUCHE !

2e COMMANDEMENT.

CHEFS DE PIÈCE, DEUX PAS EN AVANT MARCHE!

3e COMMANDEMENT.

HORS DE BATTERIE, MARCHE !

Au commandement de *marche*, les servants de droite et de gauche se placent à droite et à gauche du chef de pièce.

4e COMMANDEMENT.

CANONNIERS, A DROITE OU A GAUCHE !

5e COMMANDEMENT.

PAS ACCÉLÉRÉ, MARCHE !

Le breloque fait rompre le rang.

EXERCICE DE LA CARONADE DES DEUX BORDS.

PRÉPARATION.

Il faut, pour cet exercice, un servant supplémentaire par pièce : il devient deuxième servant de droite.

On suppose que l'on est pourvu de *tampons* de lumière bien confectionnés ou, à défaut, d'étoupins en fil de carret bien suivés. Les gargoussiers doivent renfermer deux gargousses.

SERVANTS SUPPLÉMENTAIRES, A VOS POSTES !

A ce commandement, les hommes de la manœuvre destinés à remplir ces fonctions se portent à leurs pièces.

1er COMMANDEMENT.

ARMEZ LES DEUX BORDS !

Les chefs des pièces paires, si c'est tribord qui est armé, et ceux des pièces impaires, si c'est bâbord, déposent les épuipements sur le bouton de culasse. (ACTION !)

2e COMMANDEMENT.

CANONNIERS A DROITE ET A GAUCHE !

Les chefs de pièce qui désarment et leurs servants, ainsi que les servants des caronades qui restent armées, font face à l'autre bord. (ACTION !)

3e COMMANDEMENT.

MARCHE !

Les chefs de pièce qui désarment se rendent avec leurs servants aux pièces correspondantes, à l'autre bord, et détachent, chemin faisant, à la pièce voisine à droite, les deux servants de droite : le premier en devient chef et le second chargeur.

Les chefs qui ne changent pas de bord envoient à la pièce voisine à droite, devenue vacante, leurs deux servants de droite pour y remplir les mêmes fonctions.

A chacune des pièces où se trouve le chef titulaire, le servant de gauche devient chargeur; les pourvoyeurs desservent les deux caronades armées par le même équipage : ils se tiennent entre elles.

Chaque chef s'équipe, et les écouvillons-refouloirs sont placés à droite des caronades dans toute la batterie, qui est supposée chargée. (ACTION !)

EXERCICE.

1er COMMANDEMENT.

DÉTAPEZ VOS CARONADES, DÉMARREZ LES COUVRE-PERCUTEURS !

Ce commandement est exécuté par les deux bords, ou seulement par celui qui n'a pas encore ouvert le feu. (ACTION !)

2e COMMANDEMENT.

DÉGORGEZ, AMORCEZ !

Les deux bords amorcent comme pour l'exercice d'un bord. ACTION !)

3e COMMANDEMENT.

POINTEZ !

Les deux temps s'exécutent comme dans l'exercice d'un seul bord. (ACTION !)

NOTA. Si le pointage était très-oblique, le chef de pièce aiderait le chargeur avant de pointer en hauteur.

4e COMMANDEMENT.

FEU !

Le feu s'exécute comme si l'équipage de la pièce était complet : seulement, ce serait le chargeur qui se servirait du boute-feu, s'il fallait en faire usage.

5e COMMANDEMENT.

BOUCHEZ LA LUMIÈRE, ÉCOUVILLONNEZ!

Deux Temps.

Premier temps. Le chef passe le dégorgeoir dans la lumière pour s'assurer qu'elle est dégagée, puis il la bouche avec le tampon de lumière qu'il n'enlève que pendant le moment où il se sert du dégorgeoir.

Le servant de droite se porte à la volée de la pièce. (ACTION!)

Deuxième temps. Le chef de pièce prend l'écouvillon de la main droite et le passe au chargeur qui l'enfonce dans la caronade; il le tourne plusieurs fois, etc.

Le chef passe le dégorgeoir dans la lumière pour s'assurer qu'elle est parée, etc. etc., puis il rebouche la lumière avec le tampon, nettoie le perculeur, et relève le marteau (ACTION!)

6e COMMANDEMENT.

LA CHARGE DANS LA CARONADE, AU REFOULOIR!

Un Temps.

Le chargeur remet l'écouvillon au chef qui le change en refouloir et le pose sur le pont; il reçoit ensuite du pourvoyeur la gargousse, qu'il jette dans la caronade; le chef passe vivement à gauche de la pièce; il prend le boulet et le valet, et les donne au chargeur qui les place dans la caronade; le chef lui remet ensuite le refouloir et reprend son poste.

Le chargeur enfonce la charge, allonge le bras de toute sa longueur prêt à refouler.

Le pourvoyeur, après avoir remis la gargousse, dessert la pièce voisine ou va prendre une autre gargoussier. (ACTION!)

7e COMMANDEMENT.

REFOULEZ.

Un Temps.

Le servant de droite refoule deux coups, retire le refouloir le passe au chef de pièce, qui le pose sur le pont en le faisant tourner verticalement pour que le bouton soit du côté de la muraille, et il reprend son poste. Le chef débouche la lumière; perce la gargousse; si elle n'était pas rendue il ferait refouler de nouveau. (ACTION!)

Nota. Si l'exercice se continue, on reprend au deuxième commandement : s'il doit cesser, on termine par le commandement suivant :

8e COMMANDEMENT.

TAPEZ LES CARONADES!

Un Temps.

On désarme les deux bords en même temps, et chacun revient à son poste, à la pièce occupée par le chef, pour se porter au bord qui sera indiqué par un mouvement analogue à celui qui a été exécuté pour armer les deux bords. (ACTION!)

OBSERVATIONS SUR LES DIVERS COMMANDEMENTS DE L'EXERCICE DES DEUX BORDS.

3e COMMANDEMENT.

Si, pendant un feu à volonté, on fait le commandement : *armez les deux bords!* les chefs qui ne changent pas de bord envoie de suite leurs servants à la pièce à droite, le servant de gauche passe l'écouvillon-refouloir à droite, et le chef continue le feu avec ce servant devenu chargeur. Les servants supplémentaires qui sont à la manœuvre se portent vivement à leurs postes, à la pièce dont le servant de droite est devenu le chef.

Les chefs de pièces et les servants qui changent de bord se portent, aussitôt qu'ils sont remplacés, à la pièce correspondante de l'autre bord pour commencer le feu. Ce mouvement s'effectue, soit que les pièces qu'ils quittent soient chargées ou non.

Le feu des deux bords ne pouvant se faire qu'à volonté, les pièces seront rarement au même temps de la charge, ce qui permet au pourvoyeur de les approvisionner toutes les deux.

Exercices

DU CANON-OBUSIER DE 22c/m (80)

ET DE 16c/m (30),

Monté sur affût Marin, en employant l'Obus. *

ROULEMENT!

Le roulement indique que l'on va commencer l'exercice et qu'il faut observer le plus grand silence. Toute parole inutile est donc sévèrement interdite, soit pendant l'exercice, soit devant l'ennemi.

Les chefs de pièce font face aux sabords, les servants font face à leurs pièces et s'alignent sur les deux premiers servants; tous se serrent à bord de manière que les coudes s'affleurent, la tête haute, l'œil dirigé du côté du chef, les pieds sur le même alignement, le corps d'aplomb, les bras pendants, les mains dans les rangs, ouvertes et à plat sur les cuisses; à la fin du roulement, chacun reste immobile.

1er COMMANDEMENT.

DETAPEZ, DÉMARREZ LES OBUSIERS!

Un Temps.

Le premier servant de droite détape le canon et place la tape

(*) D'après cette instruction, lorsqu'on veut le charger à boulet creux, le canon obusier de 30 se manœuvre comme celui de 22 centimètres, et ce n'est qu'en employant le boulet plein qu'on fera usage, avec cette pièce, de la charge simultanée Toutefois il faut etre approvisionné de gargousses hémisphériques.

Dans le but d'obvier aux inconvénients que présentent ces gargousses, et de rechercher les moyens d'exécuter la charge simultanée avec l'obusier de 30, lorsqu'on tire à boulet plein ou à boulet creux, le ministre a prescrit de procéder à des essais sur des gargousses ordinaires à culot plat, allongées aux dépens de leur diamètre; ces essais ont démontré que ces gargousses ainsi modifiées peuvent, sans qu'il se présente d'obstacle, être introduites dans la pièce en même temps que chacun des deux boulets précités. En conséquence on devra pour le canon-obusier de 30, procéder à la charge simultanée et se conformer à l'exercice ordinaire du canon, lorsqu'on tirera à boulet plein ou creux. Si l'on veut charger à mitraille, on devra interposer entre la gargousse et ce projectile, un valet cylindrique, dont la longueur seule est différente, suivant qu'on a une grappe à culot ou à plateau.

contre le bord derrière lui ; le chef de pièce, aidé des servants placés près de lui, démarre le canon et l'assujetit contre le bord en passant au collet du bouton de culasse un tour de chaque garant qu'il fait tenir par les deuxièmes de droite et de gauche : puis, il ôte le couvre-lumière et le passe au troisième servant de droite, qui le met près du bord en arrière des servants. Il relève le marteau. (ACTION !)

2e COMMANDEMENT.

DEGORGEZ. — AMORCEZ !

Un Temps.

Le chef de pièce prend le dégorgeoir de la main droite, l'enfonce dans la lumière, s'assure que la charge n'a pas bougé, et perce la gargousse ; il ouvre la boîte à étoupilles, en prend une et l'introduit dans la lumière en pressant fortement avec le pouce le godet sur le champ de lumière ; il referme la boîte après avoir pris l'étoupille. (ACTION !)

Nota. Si l'obusier est monté sur affût-Romme, voyez le commandement détaillé, page 55.

3e COMMANDEMENT.

POINTEZ !

Trois Temps.

Premier temps. Le chef de pièce place la hausse au cran indiqué par le chef de batterie et pour la charge qu'il sait être dans l'obusier ; puis, il se place à droite du palan de retraite, le pied gauche en avant et à plat, le genou ployé, la jambe droite allongée, la main gauche sur la plate-bande de culasse, et la main droite à la poignée du coin de mire. Les 3e servants, aidés des quatrièmes pour les gros calibres, prennent les anspects, les placent sur les adents de l'affût, et ils élèvent ou abaissent la culasse au signal du chef, jusqu'à ce que le canon soit au point convenable, c'est-à-dire, que la ligne de mire se trouve dirigée, autant que possible, sur le point où l'on doit viser lorsque le bâtiment est dans une position moyenne à ses balancements de roulis.

Si le pointage doit être très-oblique, on commencera par porter la pièce sur l'avant ou sur l'arrière, de manière à ce qu'elle soit à peu près en direction. On pointe en hauteur et on attend le deuxième temps pour rectifier la direction. (ACTION !)

Deuxième temps. Les mêmes servants embarrent aux flasques pour diriger la pièce à droite ou à gauche suivant le signal du chef; le chef se relève, décapelle les garants; il en charge les derniers servants, aidés par ceux qui ne sont pas occupés au pointage, pour que tous contiennent la pièce au sabord; puis, il prend de la main droite le cordon du percuteur et se porte vivement en arrière du recul du canon. Il vise en s'inclinant et en mettant dans le même alignement son œil, le point le plus élevé de la hausse, le point le plus élevé de la masse de mire et l'objet à battre. (ACTION!)

Troisième temps. Dès que le pointage est fini, le chef fait le signe : *à postes*, auquel les servants chargés des anspects les retirent de dessous les flasques et reprennent leur alignement : ils les tiennent le bout posé sur le pont, hors de la direction des roues. (ACTION!)

4e COMMANDEMENT.

FEU !

Deux Temps.

Premier temps. Le chef de pièce attend que les mouvements du navire amènent la ligne de mire dans la direction du point où l'on doit viser, et, quand il le voit près d'arriver, il l'indique par un signal; puis, il fait feu en tirant fortement et sans secousse sur le cordon du percuteur. A ce signal du chef de pièce, les servants chargés des garants de palan les laissent tomber hors de la direction des roues; ceux qui ont les anspects les posent sur le pont; tous les servants, à l'exception des premiers de droite et de gauche, se portent vivement au palan de retraite, pour l'abraquer et même palanquer la pièce jusqu'à longueur de brague. Les premiers servants prennent les coins d'arrêts et calent les roues dès que l'affût n'est plus au sabord; le chef lève le cordon du percuteur et relève le marteau.

Le dernier servant de gauche fait une demi-clef au palan de retraite; tous les servants se serrent, faisant face à leur pièce; les troisièmes à la hauteur du chef, les deuxièmes reprennent leurs postes. (ACTION!)

Deuxième temps. Les troisièmes servants de droite et de gauche, aidés des quatrièmes pour les gros calibres, prennent les anspects, les embarrent sur les adents de l'affût, élèvent ou abaissent la culasse, pour que le chef puisse placer le coussin et le coin de mire de manière à mettre la pièce à même d'être chargée ; les autres servants rouent les garants de palan de retraite et de côté ; les anspects sont remis à leur place, et chacun reprend son poste. (ACTION!)

5e COMMANDEMENT.

BOUCHEZ LA LUMIÈRE, ÉCOUVILLONNEZ, AU REFOULOIR, A L'OBUS!

Deux Temps.

Premier temps. Le chef de pièce prend le dégorgeoir de la main droite et l'enfonce dans la lumière pour voir si elle est dégagée ; il la bouche bien ensuite avec le pouce de la main gauche jusqu'à ce que la pièce soit chargée, ne l'ôtant, pour sonder, que lorsque les chargeurs sont bien effacés. Les premiers servants de droite et de gauche se portent en même temps à la volée de la pièce en passant par-dessus les palans et la brague ; le deuxième servant de droite remet au premier l'écouvillon, que celui-ci enfonce dans la pièce, et aussitôt il prend le refouloir plein et le place sous la volée entre les chargeurs, la hampe reposant sur le seuillet du sabord, le bouton sur le pont touchant l'essieu de devant. ACTION!)

Deuxième temps. Le premier servant de droite, aidé du premier de gauche, tourne plusieurs fois l'écouvillon au fond de l'âme, dans le sens convenable pour faire prendre le tire-bourre ; il le retire en continuant à le tourner dans le même sens, l'appuie sur la volée de la pièce, le frappe plusieurs fois en dévirant pour faire tomber les culots de gargousse et la crasse, et le passe aussitôt au deuxième servant de droite qui le pose sur le pont ; il saisit le refouloir plein de la main gauche.

Le chef de pièce introduit le dégorgeoir dans la lumière pour s'assurer qu'elle est parée ; si elle ne l'était pas, il ferait le commandement : *Ecouvillonnez!* et le deuxième servant de droite renverrait aussitôt l'écouvillon au chargeur pour recommencer le mouvement : le chef rebouche la lumière.

Le dernier servant de droite nettoie le marteau, visite l'escargot et l'écouvillon ; les garants de côté sont passés aux derniers servants qui les laissent reposer sur le pont. Les 2e et 3e servants de gauche prennent la boîte vide, si l'on a déja tiré, et la portent au passage des *obus* où ils la déposent ; ils reçoivent la caisse contenant le nouveau projectile, ils la saisissent par les anses, le second servant avec la main droite, le 3e avec la main gauche, et ils vont la poser sous la volée de la pièce. (ACTION!)

6e COMMANDEMENT.

LA GARGOUSSE DANS LE CANON, A LA POUDRE !

Un Temps.

Le premier servant de gauche fait un demi à gauche, reçoit du pourvoyeur la gargousse qu'il place dans le canon, le culot le premier; dès que la gargousse est introduite, le premier servant de droite, et le premier de gauche, l'enfoncent vivement au fond de l'âme avec le refouloir, par des mouvements successifs et à toute longueur de bras. Le chargeur s'assure qu'elle est rendue par la longueur de la hampe, en avertit le chef en frappant sur la pièce; il allonge le bras droit de toute sa longueur, a la main gauche sur la volée, le corps incliné en avant prêt à refouler. Le premier servant de gauche, dans une position semblable, tient la hampe du refouloir de la main gauche; dès que le pourvoyeur a remis la gargousse, il va en chercher une autre, ayant le gargoussier sous le bras gauche et la main droite sur le couvercle. (ACTION!)

7e COMMANDEMENT.

REFOULEZ !

Un Temps.

Les chargeurs refoulent deux coups et abandonnent la hampe du refouloir en effaçant le corps; le chef s'assure que la gargousse est rendue; si elle ne l'est pas, il fait le signe négatif pour refouler de nouveau; si elle l'est, il fait le signe affirmatif, et le refouloir plein est passé au second servant de droite, qui le pose sur le pont; celui-ci prend le refouloir creux de la main gauche et se dispose à le passer au premier servant de droite. Pendant que ces derniers mouvements s'exécutent, le premier servant de gauche se baisse, enlève le couvercle de la boîte à *obus*, et le passe au second servant, qui le place derrière lui. (ACTION!)

8e COMMANDEMENT.

L'OBUS ET LE VALET DANS LE CANON!

Un Temps.

Les chargeurs enlèvent l'obus de sa boîte et le placent dans le canon, le sabot le premier; le second servant retire aussitôt la boite, la recouvre, et la place derrière lui: il prend un valet. Le premier servant de droite décoiffe la fusée en arrachant une lanière sur laquelle est collée son enveloppe. Le premier servant de gauche met ensuite sur l'obus le valet qui lui est remis par le 2e servant, et il place la main gauche devant la bouche de la pièce. (1)

Dès que l'obus et le valet sont introduits, le second servant de droite passe le refouloir creux au chargeur qui, aidé du premier servant de gauche, les enfonce vivement et sans secousses au fond de la pièce. Le chargeur s'assure que l'obus est rendu par la longueur de la hampe; il en avertit le chef en frappant sur la pièce; il allonge le bras droit de toute sa longeur, a la main gauche sur la volée, le corps incliné en avant prêt à refouler; le premier servant de gauche, dans une position analogue, tient la hampe du refouloir de la main gauche. (ACTION!)

9e COMMANDEMENT.

REFOULEZ!

Un Temps.

Les chargeurs refoulent deux coups; celui de gauche revient aussitôt à sa place; celui de droite retire le refouloir, le passe au second qui le pose sur le pont, et il reprend son poste.

Dès que ces mouvements sont exécutés, le chef de pièce perce la gargousse d'un seul coup de poignet. En même temps le dernier servant de gauche engage l'anspect dans l'anneau carré, se porte vivement au palan de retraite, en défait la demi-clef, prend le garant des deux mains, met le pied sur l'estrope de la poulie, et se dispose à filer dès que la pièce ira en batterie.

Le dernier servant de droite et l'avant-dernier de gauche rabraquent les garants qui reposaient sur le pont, et les placent

(1) Les chargeurs doivent porter le plus grand soin à ne point frapper, contre la volée de la pièce, la fusée de l'obus, afin de ne point la briser et d'exposer l'obus à éclater trop tôt.

ainsi dans les mains des autres servants; les premiers servants de droite et de gauche s'assurent que les coins d'arrêt peuvent s'enlever facilement. (ACTION!)

10e COMMANDEMENT.

EN BATTERIE !

Deux Temps.

Premier temps. Le chef de pièce prend l'anspect de la main gauche, et se dispose à s'en servir pour diriger la pièce au milieu du sabord; les premiers servants décalent les roues et posent les coins d'arrêt derrière eux, puis ils soutiennent les bragues pour qu'elles ne s'engagent pas pendant le mouvement. (ACTION!)

Deuxième temps. Le chef de pièce fait un signal de la main droite, auquel tous les servants agissent ensemble pour mettre la pièce en batterie droit au milieu du sabord. Aussitôt qu'elle y est, le 4e servant de gauche débarre l'anspect et le pose sur le pont; le chef amorce et assujettit la pièce en passant un tour de chaque garant au collet du bouton : les garants sont tenus par les deuxièmes servants de chaque côté. (ACTION.)

11e COMMANDEMENT.

TAPEZ, AMARREZ LES OBUSIERS !

Deux Temps.

Premier temps. Le troisième servant de droite remet le couvre lumière au chef de pièce, qui l'amarre sur la culasse, décapelle ensuite les garants et les fait tenir par les derniers servants; il fixe entre les flasques et les garants le mou de la brague, qui est soutenue par les deuxièmes servants; il les arrête par un tour mort au collet du bouton en passant ensuite le double de chaque garant entre ce garant et la plate-bande de culasse, de dessus en dessous. (ACTION!)

Deuxième temps. Le premier servant de droite met la tape au canon, les autres servants rouent les garants des palans de côté, les amarrent le long des flasques : le dernier servant de gauche décroche le palan de retraite et le met à sa première place.

Les objets apportés des soutes, et qui ne doivent pas rester dans la batterie, y sont reportés par les canonniers qui avaient été les prendre. (ACTION!)

OBSERVATIONS SUR LES DIVERS COMMANDEMENTS DE L'EXERCICE DE L'OBUSIER DE 22 c/m ET DE 30.

L'obusier de 22 c/m monté sur affût marin modifié, est muni de deux anspects et d'un levier directeur à roulette. Pour le manœuvrer, on engage le levier directeur dans le piton de retraite, et l'on appuie sur le levier pour élever l'arrière de l'affût et faciliter le mouvement. On embarre avec les anspects des deux côtés de l'affût sous les fourrures de la queue des flasques pour jeter la pièce du côté convenable.

L'obus doit être enfoncé de deux ou trois pouces en dedans de la bouche de la pièce avant d'enlever la coiffe.

Si, par accident, le feu prenait à la fusée d'un obus avant son introduction dans la pièce, on aurait le temps de le jeter à la mer, parce que la fusée brûle près d'une minute avant de communiquer le feu à la charge.

Si le feu prenait à la fusée après que l'obus est introduit dans la pièce, il faudrait que les premiers servants reprissent leurs postes en dehors des palans et bragues, et que le chef de pièce se plaçât sur l'alignement des servants de droite.

Si l'obus ne pouvait entrer dans le canon, il serait remis dans la boîte par les servants et renvoyé à la soute.

Il n'est pas convenable de charger à l'avance à boulets creux, parce qu'il n'y a pas encore de moyen connu pour retirer les projectiles des pièces.

On ne doit pas tirer avec deux projectiles creux, parce que toujours un de ces projectiles et souvent les deux éclateraient au sortir de la pièce.

Lorsque l'on charge avec une boîte à mitraille, les deuxième et troisième servants de gauche la présentent, comme l'obus, sous la volée de la pièce, afin qu'elle soit à portée des chargeurs pour l'introduire dans le canon.

7e COMMANDEMENT.

REFOULEZ.

Si elle ne l'est pas, il fait le signe négatif, etc. Il arrive assez souvent, dans les obusiers de gros calibres, que la gargousse n'est pas bien rendue au fond de la chambre, à cause de la grande différence qui existe entre le diamètre de cette chambre et celui du reste de l'âme. Il convient donc, pour ces pièces, de ne point retirer le refouloir plein jusqu'à ce que le chef se soit assuré que la gargousse est bien rendue.

Le signe *négatif* se fera en tenant le dégorgeoir perpendiculaire sur le champ de lumière. Si, au contraire, la gargousse est rendue, le chef fera le signe *affirmatif* en portant vivement son dégorgeoir vers la droite.

NOTA. Le canon-obusier de 30, monté sur affût marin, et le canon de 30 ordinaire, chargé à projectiles creux, se manœuvrent comme le canon-obusier de 80, à l'exception que le premier servant de droite n'a plus à s'occuper du placement de l'obus. Le deuxième servant de gauche, seul, se détache pour reporter la caisse vide et prendre l'obus. Ainsi, lorsqu'on se servira du boulet plein dans l'obusier de 30, on fera usage de l'exercice ordinaire du canon et de la charge simultanée. On suppose que l'on soit approvisionné de gargousses à culot sphérique, qui évitent tout arrêt au raccordement de la chambre; on ne se sert, dans ce cas, que du refouloir creux.

Si le canon-obusier de 30 se trouvait monté sur l'affût à crosse, dit affût Romme, le pointage s'exécutant alors à l'aide d'une vis, le commandement *pointez!* s'exécutera ainsi qu'il est dit ci-dessous. Les autres commandements restent les mêmes pour les deux genres de pièces, sauf les légères modifications suivantes à apporter au quatrième et cinquième commandement, le troisième étant en entier approprié à l'affût crosse.

3e COMMANDEMENT.

POINTEZ!

Trois Temps.

1er *temps.* Le chef de pièce place la hausse au cran indiqué par le chef de batterie et pour la charge qu'il sait être dans l'obusier; puis il se place à droite du palan de retraite, le pied gauche en avant et à plat, le genou ployé, la jambe droite allongée, la main gauche sur la culasse et la main droite à la manivelle de la vis de pointage. Le troisième servant de droite saisit en même temps une des branches de cette manivelle pour aider le chef à élever ou abaisser la culasse jusqu'à ce que le canon soit au point convenable, c'est-à-dire, que la ligne de mire se trouve dirigée, autant que possible, sur le point où l'on doit viser lorsque le bâtiment est dans une position moyenne à ses balancements de roulis.

Si le pointage doit être très oblique, on commencera par porter la pièce sur l'avant ou sur l'arrière de manière à ce qu'elle soit à peu près en direction. On pointe en hauteur, et on attend le deuxième temps pour rectifier la direction. (ACTION.)

2e *temps.* Le chef se relève, décapelle les garants et en charge les troisièmes servants, aidés de ceux qui ne sont pas occupés au pointages, pour que tous contiennent la pièce au sabord. Puis, il prend de la main droite le cordon du percuteur et se porte vivement en arrière du recul du canon. Le quatrième servant de gauche prend le levier directeur et l'engage dans l'anneau carré; puis, aidé du quatrième servant de droite, il porte la culasse à droite ou à gauche au commandement du chef, qui vise en s'inclinant et mettant dans le même alignement, son œil, le point le plus élevé de la hausse, le point le plus élevé de la masse de mire et l'objet à battre. (ACTION.)

3e *temps*. Dès que le pointage est fini, le chef fait le signe *à postes*, auquel le quatrième servant de droite retire le levier directeur de l'anneau carré, reprend son alignement et le tient le gros bout posé sur le pont, hors de la direction des roues. (ACTION.)

4e COMMANDEMENT.

FEU !

Deux Temps.

Le 1er *temps*. comme à l'exercice de l'obusier de 22 c/m

2e *temps*. Le chef de pièce, aidé du troisième servant de droite, fait mouvoir la vis de pointage pour élever ou abaisser la culasse et mettre la pièce à même d'être chargée, et chacun reprend son poste. (ACTION.)

5e COMMANDEMENT.

Comme à l'exercice de l'obusier de 22 c/m; seulement, il devient inutile d'envoyer deux servants chercher l'obus. Le deuxième servant de gauche seul en est chargé

EXERCICE DES DEUX BORDS

POUR LE CANON-OBUSIER DE 80 ET DE 30.

PRÉPARATION.

Il faut ajouter deux servants supplémentaires pour l'obusier de 22 c/m et un seul à celui de 30. Ils sont nécessaires au transport de l'obus.

SERVANTS SUPPLÉMENTAIRES DES OBUSIERS, A VOS POSTES !

Les hommes désignés pour ce service se rendent à leurs pièces et se forment en second rang derrière les servants de gauche.

1er COMMANDEMENT.

ARMEZ LES DEUX BORDS !

A ce commandement les chefs des pièces qui doivent désarmer

déposent la boîte à étoupilles sur le bouton de culasse, ainsi qu'il est prescrit dans l'exercice des deux bords du canon ordinaire. (ACTION!)

2e COMMANDEMENT.

CANONNIERS PAR LE FLANC DROIT ET LE FLANC GAUCHE!

Les servants font à droite et à gauche, comme il est prescrit pour l'exercice du canon des deux bords. (ACTION!)

3e COMMANDEMENT.

MARCHEZ!

Les servants se mettent en marche et arment les pièces comme dans l'exercice du canon des deux bords; les servants supplémentaires défilent les derniers, même après le chef, et se portent à la pièce du chef provisoire comme deuxième et troisième servants de gauche. (ACTION!)

EXERCICE.—1re PARTIE.

1er COMMANDEMENT.

CHEFS TITULAIRES, DÉGORGEZ, AMORCEZ!

Les chefs titulaires seuls amorcent, après avoir mis leur pièce en batterie, si elle n'y était pas. (ACTION!)

2e COMMANDEMENT.

CHEFS TITULAIRES, POINTEZ!

Les chefs titulaires seuls passent par tous les temps du pointage. (ACTION!)

3e COMMANDEMENT.

CHEFS TITULAIRES, FEU!

Les chefs titulaires attendent le moment favorable, et ils exécutent le feu; aidés par leurs servants, ils mettent la pièce hors de batterie et font eux-mêmes la demi-clef au palan de retraite. (ACTION !).

4e COMMANDEMENT.

SERVANTS MOBILES, CHANGEZ !

Les chefs de pièce qui viennent de tirer conservent avec eux le premier servant de droite et les trois premiers de gauche (les deux premiers de gauche seulement si l'obusier est de 30) et les pourvoyeurs; les autres servants, nommés servants mobiles, se portent à la pièce voisine, à droite, où ils occupent les mêmes postes qu'a celles du chef titulaire. Si cette pièce était rentrée, le dernier servant de gauche s'arrêterait a la demi-clef du palan de retraite, prêt à filer à mesure que la piece irait en batterie. (ACTION!)

2me PARTIE.

1er COMMANDEMENT.

Chefs Titulaires :

BOUCHEZ LA LUMIERE, ECOUVILLONNEZ, AU REFOULOIR, A L'OBUS!

Le chef de pièce bouche la lumière, le premier servant de gauche remet à celui de droite, qui s'est porté à la volée du canon, l'écouvillon dont il se sert, comme il est prescrit dans l'exercice de détail.

Pendant ce temps, le premier servant de gauche met le refouloir plein à la portée du chargeur; celui-ci renvoie l'écouvillon au premier servant de gauche, qui le pose sur le pont, avant de passer par-dessus les palans et la brague, pour aider le chargeur dans ses fonctions.

Le deuxième et le troisième servant de gauche (le deuxième seulement pour le 30) reportent la boîte vide et apportent la pleine qu'ils placent sous la volée.

Chefs Provisoires :

EN BATTERIE, DEGORGEZ, AMORCEZ

Les chefs provisoires mettent en batterie et amorcent leurs pièces.

(ACTION)

2e COMMANDEMENT.

Chefs Titulaires :

LA GARGOUSSE DANS LE CANON, REFOULEZ.

Le premier servant de gauche reçoit du pourvoyeur la gargousse, qu'il place dans le canon. Dès que la gargousse est introduite, le premier servant de droite et le

Chefs Provisoires :

POINTEZ.

Les chefs provisoires passent par tous les temps du pointage, premier de gauche l'enfoncent vivement au fond de l'âme ; ils s'assurent qu'elle y est rendue, en avertissent le chef, refoulent deux coups et effacent le corps ; le chef s'assure que la gargousse est rendue. Les chargeurs retirent le refouloir plein, et le premier servant de gauche en pose la hampe sur le seuillet du sabord. Aussitôt que le pourvoyeur a remis la gargousse, il va en chercher une autre.

(ACTION!)

3e COMMANDEMENT.

Chefs Titulaires :

L'OBUS ET LE VALET DANS LE CANON,

REFOULEZ.

Le deuxième servant de gauche prend alors le refouloir plein qui reposait sur le seuillet et le met à son poste ; il prend le refouloir creux et se dispose à le passer au chargeur.

Les premiers servants de droite et de gauche (le premier de gauche seulement pour le 30) enlèvent l'obus de sa boîte et le placent dans le canon ; le premier servant de droite décoiffe la fusée ; le premier servant de gauche met ensuite sur l'obus le valet qui lui est remis par le deuxième servant, et il place la main devant la bouche de la pièce

Dès que l'obus et le valet sont introduits, le premier servant de droite reçoit le refouloir creux du deuxième servant de gauche, puis, aidé du premier servant, il enfonce vivement la charge au fond de la pièce, avertit le chef qu'elle est rendue, allonge le bras droit de toute sa longueur, refoule deux coups, retire le refouloir, lequel est passé au deuxième servant de gauche, qui le pose sur le pont, et chacun reprend son poste.

Chefs Provisoires.

FEU.

On exécute le feu ; la demi-clef est faite par le chef de pièce.

(ACTION !)

4e COMMANDEMENT.

SERVANTS MOBILES, CHANGEZ !

Les servants mobiles retournent, comme il a été expliqué à la pièce du chef titulaire.

Pour continuer l'exercice, les commandements seraient les mêmes, en appliquant aux chefs titulaires ce qui a été dit pour les chefs provisoires, et réciproquement.

Pour faire cesser l'exercice on agira comme dans celui du canon, et l'on renverra les servants supplémentaires dès qu'un seul bord se trouvera armé.

Avant de passer à l'exercice à volonté, on fera faire cet exercice en trois commandements, comme suit :

1er COMMANDEMNT.

Chefs Titulaires :	*Chefs Provisoires :*
ECOUVILLONNEZ ; CHARGEZ.	POINTEZ ; FEU.

(ACTION !)

2e COMMANDEMENT.

SERVANTS MOBILES, CHANGEZ !

(ACTION !)

3e COMMANDEMENT.

Chefs Titulaires :	*Chefs Provisoires :*
POINTEZ ; FEU.	ECOUVILLONNEZ ; CHARGEZ.

(ACTION !)

EXERCICE DU PIERRIER.

L'armement du pierrier est de deux hommes : un chef de pièce et un chargeur.

Les munitions pour le service des hunes et pour celui des embarcations sont placées dans des barils à bourse ou dans des caisses.

La charge se fait de la même manière que pour le canon, et l'on doit prendre les mêmes précautions.

Si le pierrier est monté sur un chandelier, le chef, pour pointer en hauteur, soulève la queue directrice de la main gauche et place, de la droite, le coin de mire sur le talon du chandelier. Pour donner la direction, il fait mouvoir le chandelier dans son montant.

Si le pierrier est monté sur un affût à coulisses, la manœuvre, pour mettre en batterie, se fait à la main ; pour donner la direction, on fait glisser le chassis sur la plate-forme : la hauteur se donne comme pour le canon.

EXERCICE DE L'ESPINGOLE.

L'espingole est montée sur un chandelier ; elle s'emploie dans les hunes et dans les embarcations.

La charge se fait en deux parties ; on déchire la cartouche comme pour le fusil, on bourre, puis on introduit le projectile.

On pointe l'espingole en faisant mouvoir le chandelier dans son montant.

Les munitions sont placées dans des caisses ou dans des barils à bourse, comme celles du pierrier.

AMARRAGE DES CANONS.

On entend en général par amarrage des canons la manière de les fixer dans les batteries. Ces amarrages varient suivant les circonstances du temps, où même suivant l'état des bâtiments.

AMARRAGE A GARANTS SIMPLES.

Cet amarrage n'est exécuté qu'au mouillage, sur les rades. et à la voile dans les beaux temps. C'est celui qui est indiqué dans l'exercice.

La pièce étant en batterie. maintenue par un tour de chaque garant passé au collet du bouton, le chef de pièce reçoit des troisièmes servants de droite le couvre-percuteur, qu'il amarre sur la culasse ; il décapelle ensuite les garants, et les fait tenir par les derniers servants. Il fixe entre ces garants et les flasques le mou de la brague, qui est soutenue par les deuxièmes servants. On abraque les garants ; le chef en passe un tour mort au collet du bouton de culasse, et les fixe en passant le double de chaque garant entre ce garant et la plate-bande de culasse, de dessus en dessous. Le reste des garants est levé par les deuxième et troisième servants, qui les amarrent le long des flasques. Les derniers servants élongent le palan de retraite et le placent en ceinture en l'accrochant aux pitons des palans de côté, et en le faisant passer sous le bouton de culasse.

AMARRAGE A GARANTS DOUBLES.

Cet amarrage est usité dans les mauvais temps pour les batteries des frégates et les batteries hautes des vaisseaux.

La pièce étant en batterie comme à l'ordinaire, le premier servant de gauche abat le croissant, et l'on palanque la pièce pour la rendre droit au milieu du sabord. Les servants de droite, dirigés par le chef de pièce, passent alors, du piton de culasse au croc de sabord, deux tours du garant des palans de droite, et font une bridure de trois tours au ras de la plate-bande de culasse : ce garant est ensuite passé sous la culasse, et les servants de gauche exécutent le même amarrage de l'autre côté du canon ; on arrête le garant, ou bien on le passe dans la boucle du pont et de là au collet du bouton. On fait ainsi deux tours, qu'il faut bien raidir après chaque passage ; on finit en faisant sur la croupière, près de la boucle, une bridure qu'on arrête à l'ordinaire. L'autre palan s'amarre à l'ordinaire en faisant passer le garant par-dessus celui qui est double, afin de l'avoir toujours à sa disposition si les circonstances exigeaient un amarrage plus solide. Les bragues sont repliées le long des flasques, et le palan de retraite est placé comme à l'ordinaire. Quelquefois, pour consolider cet amarrage, toute la brague est abraquée d'un bord, et on la trésillonne ensuite sur la culasse à l'aide d'un cabillot.

AMARRAGE A LA SERRE.

Cet amarrage est usité pour les batteries basses des vaisseaux, dans les mauvais temps. Comme il est plus long à exécuter que les autres, afin d'éviter la confusion dans la batterie, on l'exécutera par temps, de la manière suivante :

LES CANONS A LA SERRE.

Cinq temps.

Premier temps. Les pièces sont rentrées à la longueur de la brague dans toute la batterie ; la demi-clef est faite sur le palan de retraite par le dernier servant de gauche, le premier servant de droite abat le croissant.

Deuxième temps. Le chef, aidé des servants, qui, dans l'exercice, sont chargés des anspects et des derniers servants de droite et de gauche, retire le coussin et laisse tomber avec précaution la culasse sur le sole, ou (s'il juge que la volée sera trop élevée) sur le coin de mire dont la poignée est tournée en dedans de l'affût. Tous les servants se rangent ensuite sur les garants de palan de côté ; le cinquième servant de gauche défait la demi clef du palan de retraite.

Troisième temps. Le chef fait un signal de la main droite, et tous les servants agissent ensemble pour faire rendre la pièce au sabord, de manière que le tiers de la bouche environ appuie sur le fronteau de la serre-bauquière. Les premiers servants de droite et de gauche passent alors la brague par-dessus les fusées de l'essieu de devant, qui sont garnies d'un paillet, et saisissent le raban de volée.

Quatrième temps. Les premiers servants assujetissent la volée au sabord, en passant plusieurs tours de raban sous la volée et dans la boucle de serre. Ces tours sont réunis par une bridure. Les deuxièmes servants brident la brague en avant de l'affût avec l'aiguillette par-dessus les palans, qu'ils serrent sous la brague par trois autres tours, en passant les bouts de l'aiguillette entre les palans et la brague, et serrant fortement tous les tours par le milieu au moyen d'une bridure: on arrête l'aiguillette.

En même temps, les troisième et quatrième servants saisissent les courants du palan de côté, les passent sous la queue des flasques de dehors en dedans, et de là aux crocs des palans de côté de dedans en dehors. On fait ainsi deux tours aux crocs et trois tours à la queue des flasques; puis on fait trois tours de bridure par-dessus les adents de l'affût, qu'il faut garnir d'un paillet, et l'on finit par trois autres tours allongés. Le reste des garants est employé à faire d'autres tours qui se touchent sur l'avant de la poulie, où il est enfin fixé.

Cinquième temps. Les derniers servants crochent la poulie double des palans de retraite à la boucle de serre et la poulie simple à l'un des pitons de manœuvre; le garant est bien raidi et passé ensuite dans l'autre piton de manœuvre, de là à la boucle de serre, et l'on fait entre la hausse et la masse de mire une bridure qui réunit entre eux les garants de ces deux côté.

Les deuxièmes servants amarrent le coussin sous la volée et les coins d'arrêt sur l'arrière des roues de l'avant. Les anspects sont placés en travers du sabord sur les crocs de brague.

Nota. Si les canons n'avaient pas d'anneaux de brague, on pourrait alors passer les tours de garant au collet du bouton de culasse au lieu de les passer sous la queue des flasques, et la bridure se ferait au ras de la plate-bande de culasse. Dans ce cas, le canon est dit: *être à la serre par le bouton de culasse.*

AMARRAGE AU GRELIN.

Si les secousses du navire étaient telles qu'on eût des craintes pour les boucles et les crocs, on peut consolider l'amarrage à la serre par un grelin passant sous tous les boutons de culasse et raidi aux deux extrémités de la batterie. Dans chaque [illegible] a canon, il y a des boucles placées sur la fourrure de gouttière, dans chacune desquelles on passe une aiguillette, que l'on fixe sur le grelin; on les raidit à la fois.

AMARRAGE AUX CHEVRONS DE RETRAITE.

Lorsque le bâtiment est vieux, et que l'on craint de fatiguer ses murailles par les secousses que pourraient donner les batteries à la serre, quand les bordages aurraient pris du jeu, on peut encore amarrer les canons de la manière suivante :

On se sert de deux pièces de bois de chêne, nommées *chevrons de retraite;* elles sont assez longues pour tenir la tranche des canons à quatre ou cinq pouces du sabord. Ces pièces de bois sont entaillées de manière a recevoir d'un bout la tête de chaque flasque; l'autre bout s'appuie sur le bord. On prend ensuite un cordage ayant à peu près la grosseur de la brague, et nommé pour cela *fausse brague;* les deux bouts en sont repliés et épissés, afin de former des œillets susceptibles de recevoir la fusée de l'essieu de devant. On capelle ces œillets sur les fusées, et le milieu de la fausse brague passe sous l'affût entre les roues de derrière, et s'aiguillette sur le pont à la boucle de retraite.

L'amarrage s'exécute ensuite comme à l'ordinaire, mais il n'y a plus lieu d'employer le palan de retraite. Les coins d'arrêts sont placés sur l'avant des roues de derrière, et fixés sur le pont, s'il y a lieu, par des grains d'orge.

La pratique de clouer des cabrions sous les roues ne devra être employée que dans les cas extrêmes, ces cabrions fatiguant beaucoup les ponts et faisant ouvrir les coutures.

AMARRAGE LE LONG DU BORD OU EN VACHE.

Pour avoir plus de place à bord, et pour adoucir les roulis du navire, on place les canons contre le bord, dans le sens de la longueur du bâtiment. On accroche les poulies simples des palans a des estropes capelées aux fusées extérieures des essieux de devant et de derrière, et les poulies doubles sont crochées aux boucles de brague à droite et à gauche du sabord, de manière que les palans se croisent. On passe trois tours de garant dans les crocs ainsi que sous les fusées des essienx, et l'on arrête par une bridure au ras de la fusée.

Après avoir ainsi opéré avec chacun des palans, l'un après l'autre, on réunit avec le dernier garant les deux palans au point où ils se croisent au moyen d'une bridure.

NOMENCLATURES EXPLICATIVES

DES PARTIES DES PIÈCES ET DE LEURS AFFUTS, DE LEUR GRÉMENT ET DE LEUR ARMEMENT,

Que les Instructeurs doivent montrer aux Canonniers pour l'exécution des diverses Manœuvres.

CANON EN FER.

Ame	L'âme est le vide intérieur destiné à recevoir la charge.
Bouche	La bouche est l'entrée de l'âme.
Tranche de la bouche.	La tranche de la bouche est le plan qui termine la pièce à sa partie antérieure.
Gorge de la bouche	La gorge de la bouche est la moulure entre la tranche et la ceinture de la couronne.
Ceinture de la couronne.	La ceinture de la couronne est la moulure qui entoure le canon entre la gorge de la bouche et le commencement du bourrelet.
Tulipe	La tulipe est le renflement de métal qui se trouve vers la bouche entre la ceinture de la couronne et la plate-bande du collet : elle se compose du bourrelet et de son collet.
Bourrelet	Le bourrelet est la partie de la tulipe comprise entre la ceinture de la couronne et son collet ; sur son plus grand renflement est pratiquée une entaille ou cran de mire pour pointer la pièce.
Collet de la tulipe.	Le collet de la tulipe est la moulure qui entoure la pièce à partir du bourrelet jusqu'à la plate-bande du collet.
Plate-bande du collet.	La plate-bande du collet est la moulure qui entoure le canon au bas du collet.
Volée	La volée est la partie de la pièce comprise entre la plate-bande du collet et la gorge du renfort.
Gorge du renfort.	La gorge du renfort est la moulure comprise entre la volée et le renfort.
Support de fronteau.	Le support de fronteau de mire est une partie saillante de métal placée sur la gorge du renfort et sur la volée; il est percé de deux trous perpendiculairement à son dessus et d'un trou perpendiculaire à la direction de ces premiers, pour l'ajustage du fronteau : ce support n'existe pas dans les canons fabriqués avant 1840.

Renfort	Le renfort est la partie de la pièce comprise entre la gorge du renfort et celle de la plate-bande de culasse.
Tourillons	Les tourillons sont les parties cylindriques et saillantes placées de chaque côté du canon et par lesquelles il s'appuie sur l'affût.
Embases.	Les embases sont des renforts de métal cylindrique ayant le même axe que les tourillons ; elles sont placées à leur base contre la pièce pour augmenter la force de ses tourillons et pour empêcher le canon de ballotter entre les flasques de l'affût contre l'intérieur desquels s'appuie la coupe de ces embases.
Plate-bande de renfort.	La plate-bande de renfort est la moulure qui entoure le canon au milieu du renfort dans les canons de 36, 30, 24 et 18, et 8 longs seulement.
Astralague et ses deux listels.	L'astralague et ses deux listels sont les moulures qui entourent le canon sur le renfort, en avant du support du percuteur, dans les canons de 36, 30, 24, 18, 12 et 8 longs seulement.
Support du percuteur .	Le support du percuteur est une partie saillante de métal, placée sur la gorge de la plate-bande de culasse et sur le renfort ; il est percé de deux trous pour le passage des boulons qui fixent le percuteur
Champ ou canal de lumière.	Le champ ou canal de lumière est le creux pratiqué sur le dessus du support et dans lequel aboutit la lumière ; il est dirigé vers la bouche de la pièce.
Lumière.	La lumière est le trou cylindrique qui, partant du champ de lumière, aboutit vers le fond de l'âme, et par lequel on communique le feu à la charge.
Culasse	La culasse est le derrière de la pièce à partir du fond de l'âme, jusqu'à la naissance du collet du bouton de culasse.
Gorge de la plate bande de culasse	La gorge de la plate-bande de culasse est la moulure qui entoure le canon entre le renfort et le listel de cette plate-bande.
Liste de la plate-bande de culasse.	Le listel de la plate-bande de culasse est la moulure qui entoure le canon entre la gorge et la plate-bande de culasse.
Plate-bande de culasse.	La plate-bande de culasse est la moulure qui entoure la pièce entre le listel et le cul-de-lampe ; sur sa partie supérieure est pratiquée une entaille ou cran de mire pour pointer la pièce.
Cul-de-lampe	Le cul-de-lampe est la partie formée de trois arcs tangents, dont un concave et deux convexes ; un de ces derniers termine la culasse jusqu'à la naissance du collet du bouton de culasse.
Crocs de brague. . . .	Les crocs de brague sont deux parties saillantes de métal situées, l'une sur le cul-de-lampe, l'autre sur le collet du bouton de culasse ; elles sont percées chacune d'un trou dans leur épaisseur pour le passage des boulons qui servent à fixer la bride de la brague. (Ces crocs n'existent qu'aux pièces fondues postérieurement à celles du modèle de 1786).

Collet de bouton de culasse.	Le collet du bouton de culasse est la moulure par laquelle le bouton se raccorde au cul-de-lampe.
Bouton de culasse . . .	Le bouton de culasse est la partie saillante et de forme arrondie qui termine la pièce.

AFFUT MARIN.

PARTIES EN BOIS.

2 flasques	Les flasques sont les deux pièces principales de l'affût sur lesquelles repose le canon ; chaque flaque est composée de deux parties assemblées au moyen de crans et de goujons. On distingue dans les flasques, savoir : L'encastrement des tourillons ; L'arc de dégorgement du dessous des flasques, qui a pour objet de diminuer leurs poids ; Les quatre adents, fait sur le dessus du derrière des flasques, ayant aussi pour objet de diminuer leurs poids ; de plus ils servent d'appui aux anspects lorsque l'on pointe.
1 entretoise	L'entretoise est une pièce embrévée dans les flasques et qui sert à les assembler par devant et dans le sens de leur hauteur.
2 essieux	Les essieux sont deux pièces transversales qui servent à supporter les flasques et à consolider leur assemblage ainsi qu'à recevoir les roulettes. On distingue dans les essieux : Le *corps*, qui est la partie équarrie portant les encastrements d'assemblage avec les flasques ; Les *fusées*, qui sont les parties cylindriques des extrémités des essieux destinés à recevoir les roulettes.
1 sole	La sole est une pièce adaptée aux essieux de devant et de derrière, entre les flasques ; elle sert d'appui au coussin.
1 croissant.	Le croissant est composé de deux parties, dont une fixe, qui est embrévée dans les flaques, en avant de l'entretoise ; et l'autre mobile, qui est arrondie par devant. Elle est jointe à la première au moyen de deux charnières ; le croissant sert à faciliter le pointage.
4 roulettes.	Les quatre roulettes servent à supporter l'affût et à le maneuvrer ; chaque roulette est composée de quatre partie d'égale épaisseur, assemblées deux à deux avec des goujons.
2 fourrures d'anspect. .	Les fourrures d'anspect sont des parties rapportées que l'on met en dessous du bout de chaque flasque, pour faciliter l'action de l'anspect lors du pointage ; elles sont recouvertes d'une bandelette en tôle,
3 taquets d'essieux. . .	Les trois taquets d'essieux, dont deux sont placés dessous l'essieu de devant, près de ses extrémités, et le troisième dessous le milieu de l'essieu de derrière, sont destinés à suppléer aux roulettes dans le cas où elles seraient cassées,

2 liteaux de pointage. .		Les deux liteaux de pointage sont fixés chacun par trois clous en dedans des flasques, près de l'anneau carré et du piton de pointage.
1 coussin		Le coussin est un prisme en bois léger dont les bases parallèles sont des trapèzes. Il est garni de deux garcettes vers son gros bout. Il sert pour donner l'inclinaison convenable à la pièce, lorsqu'on la pointe; il est placé à cet effet sur la sole, sa face inclinée en dessus. Les garcettes servent à l'amarrer dans cette position pour l'y maintenir.
2 coins de mire		Ces coins en bois d'orme sont garnis d'une poignée en bois tourné; ils se placent sur le coussin ou sur la sole, et servent à pointer la pièce.

PARTIES EN FER.

2 clous rivets de tête de flasque et leur contre-rivures		Ces clous, qui traversent les flasques perpendiculairement à leurs faces, la tête en dehors les contre-rivures en dedans, sont placés en avant des chevilles à mentonnet; ils servent à consolider le bois des parties qu'ils traversent.
2 chevilles à mentonnet.	2 roset. sans chanfrein. 2 roulettes et 2 écrous carrés . .	Ces chevilles traversent le milieu de l'épaisseur des flasques depuis leur dessus en avant de l'encastrement des tourillons jusqu'au dessous de l'essieu de devant; elles servent à assembler les deux parties des flasques avec les essieux et à fixer les sus-bandes.
2 chevilles à tête plate.	2 roset. sans chanfrein. 2 rondelles et 2 écrous carrés. .	Ces chevilles traversent les flasques comme celles à mentonnet; le plat de la tête est parallèle aux faces des flasques. Elles sont placées derrière l'encastrement des tourillons, pour servir à l'assemblage des deux parties des flasques, et leur tête, qui est percée d'un trou de clavette, sert à fixer les sus-bandes.
2 sus-bandes	2 pitons . 2 chainettes 2 clavettes.	Ces sus-bandes sont des plaques de fer coudées et cintrées. Chacune d'elles se compose de deux pattes; celles de devant sont terminées par des bourrelets qui embrassent les chevilles à mentonnet, et leurs pattes opposées sont percées de trous dans lesquels passent les chevilles à tête plate. Les clavettes sont adaptées sur les pattes de derrière au moyen de pitons et de chainettes. Les sus-bandes servent à maintenir le canon dans l'encastrement des tourillons.
2 pitons à fourches.	2 rondelles en tôle. 2 écrous .	Ces pitons, placés au milieu des flasques, perpendiculairement à leurs faces extérieures, sont disposés pour recevoir la brague qu'ils soutiennent dans les manœuvres.
2 chevilles à tête ronde.	2 rosettes à chanfrein. 2 rondelles. 2 écrous. .	Ces chevilles sont placées entre celles à tête plate et celles à tête carrée: elles traversent les flasques dans le milieu de leur épaisseur et dans une direction perpendiculaire à leur dessus; elles servent à consolider l'assemblage des deux parties dont ces flasques se composent. (L'affût de 12 n'en a pas.)
2 chevilles à tête carrée.	2 rondelles. 2 écrous carrés. . .	Ces chevilles traversent le milieu de l'épaisseur des flasques depuis le dessus des deuxièmes adents jusqu'au-dessous de l'essieu de derrière; elles servent à assembler cet essieu avec les flasques.

2 chevilles à piton.	2 rondelles. 2 écrous carrés . . .	Ces chevilles traversent les flasques au milieu de leur épaisseur depuis le dessus des derniers adents jusqu'au-dessous de l'essieu de derriere, et elles servent à consolider l'assemblage de cet essieu avec les flasques, ainsi qu'à crocher les poulies simples des palans de coté.
2 bandelettes de fourrures d'anspect.	22 clous à la tête fraisée	Ces bandelettes sont clouées sur le bas et en dessous des flasques; elles s'appliquent exactement sur toutes les parties du bois qu'elles recouvrent, et sur les fourrures d'anspect; elles sont percées de trois trous à chacune de leurs extrémités et de cinq trous semblables à leur milieu. Ces pièces servent d'appui aux anspects dans la manœuvre.
1 boul d'assemblage.	2 rosettes. 1 écrou car.	Ce boulon lie les flasques avec l'entretoise, qu'il traverse dans le milieu de son épaisseur et parallèlement à son dessus.
1 anneau carré de pointage.	1 rondelle. 1 écrou rond	Cet anneau, placé en dedans du flasque gauche, au-dessus de l'essieu de l'arrière, sert à embarrer l'anspect pour porter l'affût du côté convenable dans la manœuvre.
1 piton de pointage.	1 rondelle en tôle . 1 écrou rond	Ce piton, placé en dedans du flasque droit au-dessus de l'essieu de l'arrière, était destiné à embarrer la pince pour le même objet que l'anspect, lorsque l'on se servait d'une pince et d'un anspect pour manœuvrer la pièce.
1 piton de croupière.	1 rondelle. 2 écrous carrés . . .	Ce piton, placé perpendiculairement au milieu de la longueur de l'essieu qu'il traverse dans son épaisseur, sert à crocher le palan de retraite pour la manœuvre de la pièce.
4 viroles de bouts de fusées d'essieux.	12 clous. .	Chacune de ces viroles est percée de trois trous de clous, et elles sont fixées par ses clous au bout des fusées d'essieux où elles sont encastrées. Elles servent à consolider les fusées et à empêcher leur bout de se fendre.
4 équignons	4 clous à têtes fraisées	Ces équignons, qui sont percés de quatre trous de clous à tête fraisées pour affûts de 30, et de trois pour affûts de 12, sont encastrés de toute leur épaisseur en dessous des fusées d'essieu; leurs extrémités touchent l'épaulement et la virole de ces essieux. Ils servent à préserver le bois des fusées des effets du frottement des roulettes, et à diminuer le frottement.
4 esses . .	4 goupilles.	Ces esses s'enfoncent jusqu'à l'épaulement de leur tête dans les trous des bouts de fusées d'essieux, et leur goupilles, dont les bouts sont pliés sur leurs tiges, sont passées dans les trous pratiqués à leurs extrémités, qui excèdent le dessous des fusées; les esses servent à maintenir les roulettes sur les essieux.
16 plaques cintrées de roulettes.	32 clous à rivets. .	Ces plaques sont encastrées de leur épaisseur, et elles servent de contre-rivures aux bouts des rivets. Il y en a deux sur chacune des faces des roulettes, elles ont pour objet de consolider leur assemblage au moyen des rivets.

GRÉMENT DU CANON.

1 brague	Gros et fort cordage garni de deux cosses en fer à ses extrémités et attaché à deux pitons à fourche ou à deux crampes avec manilles, fixés dans la muraille du bâtiment, à droite et à gauche du sabord. Il sert à borner l'étendue du recul du canon et pour ses divers amarrages. Sa longueur doit être telle que la brague puisse être engagée sous les fusées de l'essieu de l'avant, lorsque le canon est à la serre.
2 palans de côté	Ces palans sont composés chacun d'un cordage, que l'on nomme garant, et de deux poulies dont une *double* et une simple; les poulies sont garnies d'estropes en cordage et de crocs en fer. On distingue dans ces poulies la *caisse* en bois d'orme, ayant une ou deux mortaises, les réas ou rias en bois de gaïac, avec leurs *axes* en fer qui sont fixés dans les caisses. On a proposé de garnir ces rias de *boîte* en cuivre, pour en augmenter la durée et diminuer leur frottement. Les palans de côté ont leurs poulies doubles crochées à des crocs fixés dans la muraille du bâtiment, près du sabord, et leur poulie simple aux chevilles à pitons de l'affût. Ils servent pour la manœuvre et les amarrages de la pièce.
1 palan de retraite . . .	Ce palan est semblable à ceux de côté; sa poulie double se croche au piton de croupière de l'affût, et sa poulie simple à la boucle d'hiloire pour la manœuvre du canon. Il sert aussi pour les divers amarrages de la pièce.
1 estrope de culasse. . .	Cette estrope est une brague ou lien en cordage, épissé par les deux bouts, que l'on place au bouton de culasse pour crocher la poulie simple du palan de retraite, lorsque l'on met le canon à la serre.
1 raban de volée	Cordages par le moyen duquel on fixe invariablement, contre la face intérieure de la muraille du bâtiment, la volée du canon lorsqu'il est à la serre.
1 Aiguillette	Petit cordage employé pour augmenter la tension de la brague et des palans de côté, dont il entoure, rapproche et saisit étroitement toutes les branches, lorsque le canon est à la serre.
2 rabans des sabords . .	Forts cordages en quarantenier fixés au sabord et qu'on emploie pour maintenir le mantelet de sabord fermé.
1 itague	Cordage dont les deux bouts, qui traversent la muraille du bâtiment de dedans en dehors sont attachés aux anneaux placés au bord inférieur du mantelet de sabord. Son milieu est garni d'une cosse pour crocher le palanquin. Ce cordage sert à ouvrir le mantelet et à le maintenir ouvert.
1 palanquin (simple pour les sabords des briks).	Petit palan croché à la cosse fixée au milieu de l'itague, en dedans du bâtiment, et à la crampe ou piton à écrou de palanquin. Il sert à ouvrir le mantelet du sabord et à le maintenir dans cette position.

ARMEMENT DU CANON.

1 tape . . . .

Bouchon en liége ou en bois tourné employé pour fermer la bouche des pièces.

1 fronteau de mire . . .

Masse de cuivre adaptée à l'extrémité du renfort du canon, où elle est fixée par des brides en fer qui enveloppent la pièce en avant et en arrière des embases, aux pièces antérieures à 1840 ; aux pièces postérieures à cette époque, elle est fixée sur le support du fronteau de mire.

Une entaille ou *cran de mire*, correspondan à celui de la hausse, est pratiqueé sur la face supérieure du fronteau. Il doit être remplacé par un *guidon* comme celui adapté aux fusils. L'objet de ce fronteau et de la hausse est de permettre de se donner une ligne de mire parallèle à l'axe de la pièce, ainsi que les angles de mire qui conviennent aux distances auxquelles on doit tirer avec les diverses espèces de projectiles employés.

Hausse . . . .

La hausse se compose d'une tige en fer, graduée, nommée *curseur*, qui glisse dans une *boîte* en cuivre adaptée à la culasse de la pièce, et qui s'arrête où l'on veut au moyen d'une vis de pression. Une entaille ou cran de mire, correspondant à celui du fronteau, est pratiquée sur le dessus et au milieu de la tête du curseur. Cet instrument sert à faire varier à volonté les angles de mire, en combinant ses effets avec ceux du fronteau, ce qui donne la faculté de pointer de but en blanc à quelque distance que l'on se trouve de l'objet à battre, si, toutefois, l'on n'est pas hors de portée: on obtiendra ces résultats en élevant la hausse aux hauteurs correspondant aux distances auxquelles on doit tirer, qui sont indiquées sur son curseur par des crans.

percuteur
- 2 boulons. . . .
- 2 écrous à oreilles. . . . .
- 1 cordon garni de son cabilot

Le percuteur se compose de deux parties principales qui sont :

Un corps en fer forgé ;
Un marteau à deux têtes, en bronze, avec un manche en fer forgé.

On distingue dans le corps : deux oreilles qui servent à recevoir le boulon-tourillon en fer sur lequel le marteau tourne ; un piton servant pour le passage du cordon ; une bande en cuir fort fixée avec deux vis sur la partie du corps en arrière du marteau, pour amortir le contre-coup lors du tir ; un verrou y est aussi adapté pour empêcher l'étoupille de sortir de la lumière par la secousse que donne le tir des pièces voisines. L'extrémité du manche du marteau porte une came qui fait mouvoir ce verrou ; le corps est percé de deux trous correspondant à ceux des supports des pièces pour le passage des boulons qui servent à y adapter le percuteur. Enfin, il est garni d'un cordon qui, passé dans le piton, est attaché au manche du marteau par un de ses bouts, et un cabillot en bois est amarré à son autre extrémité. Cet instrument sert à communiquer le feu, à la charge, en faisant tomber le marteau avec force sur l'étoupille au moyen du cordon.

1 couvre percuteur. . .	Ce couvre-percuteur est en cuivre pour les pièces des chambres, et en plomb et étain pour le reste de la batterie; il est garni de deux rubans qui servent à l'amarrer à la culasse, sur le percuteur et la lumière, qu'il est destiné à préserver des accidents auxquels ils seraient exposés sans cette précaution.
1 Couvre lumière plat. .	Ce couvre-lumière est une plaque en plomb garnie de deux rubans en cordage pour l'amarrer sur la culasse comme le couvre-percuteur.
1 dégorgeoir en gros fil de fer	Broche terminé à une de ses extrémités par un anneau, et à l'autre par une pointe. Il sert pour dégorger la lumière et pour percer la gargousse; il est porté par le chef de pièce.
1 boîte à étoupilles fulminantes	Boîte en fer-blanc, garnie d'une courroie en cuir qui a une boucle. Cette boîte est portée par le chef de pièce.
1 doigtier	Petit sachet en cuir garni de crin, que le chef de pièce met au pouce de la main gauche, et qu'il s'attache au poignet au moyen de deux lanières : il sert à boucher la lumière.
1 écouvillon	Sur une seule hampe Pour canons de 36, 30, 24 et 18, il se compose d'une hampe en bois de hetre, d'une tête en bois de peuplier, recouverte d'une peau de mouton; enfin d'un petit tire-bourre qui est placé dans le bout de la tete; il sert à nettoyer les pièces.
1 refouloir	Sur une seule hampe. Pour les mêmes calibres que ceux indiqués pour l'écouvillon simple. Il se compose d'une hampe semblable à celle de l'écouvillon et d'une tête ou bouton en orme; il sert à enfoncer la charge au fond de l'âme de la pièce.
1 écouvillon refouloir. .	Sur la même hampe. Pour les canons de 12 et de 8, la tête de l'écouvillon et celle du refouloir, décrites ci-dessus, sont montées sur la même hampe et servent aux mêmes usages.
2 garde-feu ou gargoussiers	Boite cylindrique en cuir fort, fermée par un couvercle à poignée de même matière, et garnie de deux lanières en cuir souple; un écusson, dans lequel est indiqué le numéro de la pièce à laquelle il appartient, est peint sur la surface extérieure de ce gargoussier, il y en a deux par pièce : ils servent à renfermer et à mettre à l'abri du feu les gargousses lorsqu'on les porte dans les batteries pour l'approvisionnement des pièces
2 anspects	L'anspect est un levier en bois de chêne, servant à la manœuvre des pièces, et dans lequel on distingue le *gros bout*, qui est un parallélipipède rectangle, terminé par *un biseau*, garni *d'une plaque en fer* fixée par des clous rivets; l'autre partie de ce levier est arrondie et diminue successivement de grosseur jusqu'à son *petit bout*. Le règlement d'armement n'en admet qu'un par canon. Mais il en faut deux pour ces exercices, parce qu'on y a supprimé l'emploi d'une pince, pour chaque pièce.

2 coins d'arrêt	Ces coins, en bois, sont garnis de poignées également en bois, adaptées à une de leurs faces parallèles, de manière à ce qu'elles soient tournées en dehors pour les deux coins d'une même pièce, lorsque ces derniers sont placés sous les roues de devant de l'affût, pour le caler, pendant la manœuvre, en remplacement de la pince.
1 baille de combat . . .	Cette baille, en cône tronqué, dont l'ouverture est à la petite base, est garnie de trois cercles en fer: celui du milieu maintient deux poignées aussi en fer: un écusson dans lequel est inscrit le numéro du canon, est peint sur la surface extérieure. Elle sert à recevoir le boute-feu et à contenir l'eau nécessaire dans les batteries, en cas d'incendie.
1 faubert	Faisceau de fils de caret lié par une de ses extrémités et emmanché d'un bâton, comme un balai, ou garni d'une estrope. Il sert à humecter le pont et les sabords pour prévenir les incendies.
1 sceau d'incendie . . .	Ce seau en bois est cerclé en fer et il est numéroté comme la baille de combat; il reste croché à son poste pendant la manœuvre, et on y dépose le fanal lorsque l'on ne manœuvre pas. Il sert à jeter de l'eau pour prévenir et arrêter les incendies.
1 fanal de combat de nuit.	Ces fanaux, qui servent pour les combats de nuit, sont vitrés en glaces; ils servent aussi pour le passage des blessés; il y en a un par canon de chaque batterie couverte, plus un huitième de la totalité à bord des vaisseaux, et un sixième à bord des frégates et bâtiments inférieurs augmenté de quatre pour le poste des blessés; les fanaux des canons sont placés dans les seaux, lorsqu'ils ne sont pas crochés près des pièces à leur poste de combat.
1 sac en toile, ou tablier avec amarrage	Ce sac sert à contenir les ustensiles nécessaires à la propreté de la pièce. Il est porté dans les manœuvres, par le cinquième servant de droite, et il se place dans le gargoussier, lorsque l'on ne manœuvre pas.
1 coiffe de volée	Cette coiffe, qui est en toile peinte, sert pour couvrir la volée, lorsque les pièces sont en batterie et qu'il y a de la mer.
1 coiffe d'écouvillon . .	Cette coiffe, en toile peinte, sert à couvrir la tête de l'écouvillon pour sa conservation, lorque l'on ne manœuvre pas.
Corne d'amorce.	Longue corne destinée à contenir de la poudre nécessaire pour amorcer les canons lorsque les étoupilles viennent à rater; elle est fermée à son gros bout par un culot en bois, percé au centre d'un trou taraudé, par lequel on introduit la poudre, et qui est bouché par une poignée à vis, son autre extrémité est garnie d'un bout de cuivre coupé en sifflet, et fermant au moyen d'un clapet à branche et à ressort qui s'applique sur son ouverture. La corne d'amorce est garnie, en outre, de deux petits pitons en cuivre, placés à ses extrémités, et auxquels est attaché un ruban ou cordage qui sert à la porter en bandoulière. Il y a une corne d'amorce par trois pièces.

Écouvillon et refouloir à hampe en corde. . . . — Cet écouvillon et ce refouloir sont semblables à ceux décrits ci-dessus, mais ils sont montés sur une hampe en corde, afin de pouvoir être employés à charger les pièces lorsque la mer est assez forte pour obliger de fermer les sabords, bien qu'elle permette encore de combattre. On délivre un de ces écouvillons et refouloirs par deux bouches à feu des batteries basses, et des deuxièmes batteries des vaisseaux à trois ponts.

Épinglette . . . . — Petit dégorgeoir ne différant de celui décrit ci-dessus, qu'en ce qu'il est en fil de fer plus mince; il est attaché au raban de la corne d'amorce, et il sert pour introduire la poudre dans la lumière lorsqu'on fait usage de cette corne. Il y en a un par corne d'amorce.

Dégorgeoir à vrille . . . — Ce dégorgeoir se compose d'*une poignée* en bois et d'une longue *mèche* d'un diamètre plus petit que celui de la lumière; il sert à parer la lumière lorsqu'elle est engagée et que le dégorgeoir a été insuffisant. Il y en a un par deux canons et *un par caronade des embarcations.*

Vilebrequin. . . . . . . — Instrument employé pour faire tourner une longue mèche sans poignée dont on se sert pour dégorger la lumière d'une bouche à feu, quand on n'a pu y réussir avec le dégorgeoir à vrille. Il se compose d'*un tenon* dans lequel se place *la tête* de la mèche, d'une *poignée* dont l'axe est à quelques centimètres de celui des tenons et de la mèche, enfin d'une *pomme* sur laquelle on appuie pour s'en servir. Il y a deux *mèches* par chaque vilebrequin et un seulement par bouche à feu.

Boute-feu . . . . — Bâton tourné dans toute sa longueur, qui est d'environ 60 centimètres. Il est destiné à porter un bout de mèche à canon pour mettre le feu aux pièces, quand le percuteur a manqué son effet. *Sa tête* est garnie d'une pince en fer, dont les branches se rapprochent au moyen d'une vis *à main*, dans le boute-feu nouveau modèle. La tête de celui précédemment en usage est percée, dans le sens de sa longueur, d'une mortaise arrondie vers le fond; cette mortaise est garnie de fer-blanc pour empêcher que la mèche ne brûle le bois, si on oubliait de la retirer. Le *pied* du boute-feu est aussi garni d'une *virole* et armée *d'une pointe* en fer; cette pointe sert à le piquer dans la baille de combat. On n'en donne plus qu'*un* par *trois* bouches à feu dans la batterie et sur les gaillards.

Tire-bourre. . . . . . . — Instrument formé d'une *douille* en fer, à *deux branches*, acérées à leurs extrémités et tournées en spirale, de manière que les *pointes* qui les terminent se trouvent diamétralement opposées. Ce tire-bourre, pour canon de 36, 30, 24 et 18, est monté sur une *hampe* en bois qui lui est particulière; pour les canons de 12, il est monté sur la même hampe que la cuiller. Il sert à retirer la charge de l'âme des pièces. On en délivre *un* par *quatre* bouches à feu.

Cuiller	Instrument employé pour décharger les pièces. Cette cuiller se compose d'une *hampe* et d'une *tête en bois* portant une *feuille de cuivre rouge ployée cylindriquement*, mais laissant une ouverture longitudinale assez grande pour recevoir le boulet et la gargousse. La cuiller pour canon de 36, 30, 24 et 18, est montée sur une hampe qui lui est spéciale, et celle pour les canons de 12 est installée sur la même hampe que le tire-bourre. On en délivre un par 4 bouches à feu.
Pince	Levier en fer dont on se sert dans la manœuvre des canons. Cette pince se compose d'une partie relevée en *pied de biche*, d'un *corps carré*, près du pied ; elle est à 8 pans un peu au-dessus, arrondie ensuite et se termine en pointe à son petit bout, qu'on nomme *diamant*. La jonction du pied au corps de la pince se nomme *talon*. Il en fallait autrefois une par pièce : mais comme elle a été remplacée par un anspect, il est plus nécessaire d'en avoir tant.
Clefs de percuteurs . .	Ces clefs sont des tourne-vis destinés à resserrer les vis à écrou des percuteurs, s'il y a lieu. Il y en a une par quatre pièces.
Grand sac	Sac en toile, qui est destiné à contenir les ustensiles communs au service de plusieurs pièces de canon, tels que vilebrequins, dégorgeoirs à vrille, etc. Il en faut deux par batterie.
Valets . . — **Cylindrique** .	Bouchon cylindrique en vieux cordage pour maintenir la charge dans l'âme de la pièce, lorsque le canon est chargé à mitraille ou lorsqu'il doit rester long-temps chargé. On en délivre qu'un dixième de la totalité de l'approvisionnement.
Valets . . — **Erseau** . . .	Couronne en cordage pour maintenir la charge dans l'âme des bouches à feu, lorsqu'on doit tirer immédiatement, comme dans un combat ou un exercice. Une section de 2 à 3 centimètres est faite dans ces erseaux pour faciliter leur introduction dans la pièce, et on les y enfonce avec le refouloir, en même temps que la charge. On en délivre autant que de boulets.
Projectiles	Les projectiles qu'on lance avec les canons sont : Les boulets ronds, pleins ; Les boulets creux ou obus ; Et les paquets de mitraille à grosses ou à petites balles. Les mitrailles pour canon sont montées sur des plateaux en fer forgé, traversés dans leur milieu par une tige également en fer, et rivée en dessous. Les balles sont renfermées dans un sac de toile fixé à la tige et entouré d'un transfilage en merlin goudronné.

CARONADE.

Ame : { **son évasement. son raccordement sa chambre . .**	Comme celle du canon, son *évasement* est à la bouche, et le raccordement par lequel elle se réunit à sa chambre est situé vers le fond de l'âme ; sa chambre qui est cylindrique est terminée par une demi-sphère de même diamètre qu'elle, mais plus petit que le reste de l'âme. L'évasement de la bouche a pour objet de faciliter l'introduction de la charge dans la pièce, et la chambre est destinée à contenir la charge de poudre seulement.
Bouche	Comme pour le canon.
Tranche	*Idem.*
Ceinture	Partie de la caronade depuis la tranche jusqu'à la gorge de la plate-bande de volée.
Gorge de plate-bande de volée	Partie de la pièce comprise entre la ceinture et la plate-bande de volée ; elle sert à la raccorder.
Plate-bande de volée . .	Tronc de cône entre la gorge de la plate-bande de volée et le bourrelet.
Bourrelet	Espèce de tore compris entre la volée et la plate-bande ; une entaille ou cran de mire est pratiquée dans la partie supérieure.
Fronteau de mire	Partie saillante dont le plan supérieur est tangent au bourrelet et parallèle à la plate-bande de volée, à l'extrémité de laquelle elle se termine. Le cran de mire du bourrelet se prolonge sur sa face supérieure.
Volée.	Partie de la pièce comprise entre le bourrelet et la gorge du renfort.
Gorge du renfort. . . .	Comme pour le canon.
Support de fronteau de mire	*Idem.*
Renfort.	*Idem.*
Support-tourillon. . . .	Partie saillante en dessous de la caronade, percée d'un trou cylindrique tangent au renfort pour le passage du boulon en fer forgé qui lui sert de tourillon.
Gorge de la plate-bande de culasse	Comme pour le canon.
Culasse.	Espèce de torre compris entre sa plate-bande et le listel de bouton de culasse.
Plate-bande de culasse .	Tronc de cône compris entre sa gorge et la culasse.
Support de platine . . .	Comme pour le canon, et placé en-dessus de la caronade sur la culasse et sur la plate-bande ; il est terminé par une masse de mire dans laquelle est pratiquée une entaille ou *cran de mire* correspondant à celui du bourrelet et du fronteau de mire.

Listel du collet du bouton de culasse	Partie cylindrique comprise entre la culasse et la gorge du bouton de culasse.
Gorge du bouton de culasse	Partie comprise entre le listel et le bouton de culasse, auquel elle se raccorde suivant les arcs de cercles tangents en dessus, en dessous et des deux côtés du bouton.
Bouton de culasse. . . .	Partie cylindrique qui termine la caronade, à laquelle il se réunit par la gorge, comme il vient d'être dit; il est percé d'un trou cylindrique dirigé perpendiculairement à ses basses parallèles pour le passage de la vis de pointage.

AFFUT DE CARONADE.

PARTIES EN BOIS.

1 semelle	Cette semelle est ordinairement en bois d'orme; c'est sur elle que sont fixées les crapaudines qui supportent la caronade, et les ferrures qui servent à la maintenir sur les chassis qui la reçoit. Elle est d'une ou de deux pièces, suivant le calibre des caronades.
1 châssis	Partie de l'affût sur laquelle se place la semelle, et de la même forme qu'elle, mais entaillée dans son milieu, suivant la longueur, de manière à former une coulisse arrondie aux deux extrémités pour le passage du pivot de la semelle. Ce châssis ordinairement en bois d'orme, est composé de deux pièces; il reçoit les ferrures qui servent à l'assembler et fixer l'affût contre le bord, et l'assembler avec les supports.
2 supports de châssis. .	Espèce de taquets qui supportent le châssis qu'ils débordent de chaque côté, et qu'ils élèvent au-dessus du pont; celui de devant est assez éloigné de la tête de l'affût pour ne pas porter contre la fourrure de gouttière, et il est arrondi de ce côté comme le châssis, afin de ne pas gêner le pointage oblique; il est aussi arrondi en dedans sur la largeur du châssis seulement. Le support de derrière est posé de manière à laisser assez de place à l'extrémité du châssis pour permettre d'y embarrer avec un anspect en cas de besoin. Ces deux supports sont entaillés en dessus pour être assemblés par des boulons rivés au châssis.
1 taquet de semelle. . .	Ce taquet, nouvellement adapté aux affûts de caronade, est fixé au moyen de clous et de rivets sur la semelle, où il est placé en arrière de l'emplacement qui reçoit la tête de la vis de pointage; sa direction est oblique par rapport aux côtés de la semelle; sur laquelle il forme une coulisse destinée à recevoir le coin de mire, et à l'empêcher d'être chassé lors du tir. A cet effet, le taquet de derrière est encastré dans la semelle, et il est plus élevé que celui de devant, dont il diffère aussi par la forme. L'addition de ces deux taquets sur la semelle de l'affût de caronade avait été récemment proposée, mais elle n'a point été approuvée; le ministre n'a autorisé à placer que celui de derrière seulement, conformément à un projet du lieutenant de vaisseau Dupeny.

PARTIES EN FER.

1 boulon-tourillon et sa clavette	Il sert de tourillon aux caronades ; à cet effet, il traverse *leur support* ainsi que les crapaudines de l'affût. *Sa tête* est arrondie, *sa tige* est cylindrique ; le bout de celle-ci est percé *d'un trou* pour recevoir *une clavette*.
2 crapaudines.	Supports en fonte de fer fixés sur la semelle de l'affût pour supporter la caronade au moyen du boulon-tourillon. Outre les trous cylindriques des crapaudines par lesquels passe le boulon-tourillon, elles sont percées, chacune, de deux trous ronds de plus petit diamètre, pour le passage des boulons qui servent à les fixer sur la semelle où elles sont encastrées.
1 pivot : 1 écrou . . . / 1 rondelle . . / 1 clavette . .	Ce pivot, dans lequel on distingue trois parties, traverse la semelle, à laquelle il est fixé au moyen d'un écrou et de deux plaques, celles de ses parties qui entre dans la semelle, est en forme de pyramide quadrangulaire tronquée, et celle qui déborde cette semelle en dessus est cylyndrique et filetée pour recevoir l'écrou ; l'autre partie, destinée à se mouvoir dans la coulisse du châssis, est cylindrique et fait épaulement sous la semelle. L'extrémité de cette partie du pivot qui dépasse le dessous du châssis est percée d'un trou rectangulaire, pour le placement d'une clavette destinée à retenir une rondelle qui s'appuie sur la coulisse du châssis. Cette ferrure sert à maintenir la semelle sur le châssis, en lui permettant de tourner et de glisser sur cette partie de l'affût, pour le pointage et au recul.
2 plaques de pivot . . .	Elles sont encastrées en dessus et en dessous de la semelle, et toutes deux percées dans leur milieu : celle de dessous, d'un trou carré pour recevoir la partie du pivot qui a cette forme ; celle de dessus, d'un trou rond pour le passage du bout fileté de la même ferrure. Ces plaques tiennent lieu de rondelles sous l'écrou et sous l'épaulement du pivot.
1 plaque de levier de pointage et 4 rivets. . . .	Cette plaque, placée sur le milieu du derrière de la semelle, est recourbée en dessus et en dessous de cette semelle, où elle est encastrée de toute son épaisseur. Elle est fixée par quatre clous-rivets dont les têtes sont en dessous, et elle est percée d'un trou carré, correspondant à celui du milieu de l'épaisseur de la semelle, pour recevoir le levier de pointage. Sa partie supérieure se prolonge sur le dessus de cette semelle pour servir d'appui à la vis de pointage
2 boulons d'assemblage et 2 contre-rivures . . .	Ces boulons traversent la semelle dans le milieu de son épaisseur, l'un sous l'emplacement des crapaudines, et l'autre en avant de la plaque du levier de pointage. Leurs têtes carrées sont encastrées de toute leur épaisseur ainsi que leurs contre-rivures. Ces boulons ont pour objet de consolider la semelle.
2 plaques de boulons de crapaudines	Ces plaques sont encastrées de toute leur épaisseur dans le dessus de la semelle, et elles servent d'appui aux têtes fraisées des boulons de crapaudines.

4 boulons de crapaudines et leurs 4 écrous . . .	Ces boulons, dont les têtes fraisées sont encastrées dans leurs plaques, traversent la semelle dans son épaisseur ainsi que les crapaudines, qu'ils servent à fixer sur cette partie au moyen de leurs écrous.
2 plaques de devant de châssis et 4 rivets . .	Ces plaques, placées en dessus et en dessous du devant arrondi du châssis, y sont fixées par quatre clous-rivets. Un trou rond est percé au milieu de chacune d'elles pour le passage de la cheville ouvrière : elles servent, en outre, à consolider le devant des châssis.
1 cheville ouvrière . . .	Cette cheville a une tête fraisée, qui est encastrée dans l'épaisseur de la plaque de dessus : elle traverse cette plaque ainsi qu'un piton fixé dans la muraille du bâtiment et la plaque de dessous. Elle sert de pivot au châssis pour faciliter le pointage latéral en même temps qu'elle maintient l'affût contre le bord.
1 briquet, 8 clous-rivets.	Cette ferrure, dont le nom indique la forme, est encastrée de toute son épaisseur dans le dessous du châssis, auquel elle est fixée par *huit clous-rivets*; elle sert à garnir le pourtour de la coulisse du châssis, et d'appui à la rondelle du pivot de la semelle.
1 plaque de levier de pointage et 4 clous-rivets. .	Comme celle de la semelle.
2 boulons d'assemblage et 2 contre-rivures . . .	Comme ceux de la semelle, celui de devant traverse le châssis dans le milieu de son épaisseur à hauteur du devant du support, et celui du derrière au-dessus du milieu du support de cette partie.
4 boulons de supports et 4 contre-rivures . . .	Ces boulons traversent le châssis et les supports qu'ils servent à assembler. Leurs tête sont carrées et fraisées, pour être encastrées de leur épaisseur dans la partie supérieure du châssis. Leurs autres extrémités sont rivées sur des contre-rivures encastrées en dessous des supports. Chaque support est maintenu par deux de ces boulons.

GRÉMENT DE LA CARONADE.

1 brague fixe et 2 cosses.	Gros cordage, comme celui de la brague des canons; il est garni de cosses à ses deux extrémités, par lesquelles il est fixé au bord au moyen de pitons à fourches qui traversent la muraille du bâtiment ou de crampes avec manilles. Cette brague, plus courte que celle des canons, passe comme elle dans l'anneau formé par les crocs de bragues et leur bride : elle sert à annuler, autant que possible, les effets du recul de la caronade.
Grément du sabord. . .	Ce grément est composé, comme celui du canon, de *deux rabans*, d'*une itague* et d'*un palanquin*, lorsque la caronade est dans une batterie couverte.

ARMEMENT DE LA CARONADE.

1 vis de pointage		Cette vis, en fer forgé, placée dans le bouton de culasse, où elle se meut dans un écrou en cuivre. On distingue dans la vis de pointage trois parties : La *tige* filetée à filets carrés ; La *tête* arrondie en forme de calotte, Et la *manivelle*, qui traverse la partie non filetée de la tige perpendiculairement à son axe. La tête de cette vis porte sur le prolongement de la plaque du levier de pointage de la semelle.
1 écrou de vis de pointage .	1 virole . . 3 vis. . . .	Cet écrou est un cylindre en cuivre, fixé dans le trou de même forme pratiqué dans le bouton de culasse. Il est taraudé intérieurement sur une longueur de 5 à 8 centimètres pour recevoir la vis de pointage. Sa surface extérieure est débordée, à l'extrémité taraudée de l'écrou, par une tête de 3 centimètres environ, sous laquelle sont deux tenons diamétralement opposés et destinés à entrer dans des entailles faites en dessous du bouton de culasse. Ces tenons ont pour but d'empêcher l'écrou de tourner avec la vis ; la tête de cet écrou appuie contre le dessous du bouton, et son autre extrémité cylindrique, qui est percée de trois trous taraudés, déborde son dessus d'une hauteur égale à celle de sa virole. Cette virole, qui est en fer, sert à fixer l'écrou auquel elle est adaptée au moyen de trois vis également espacées, et elle est percée de trois trous correspondant à ceux de l'écrou, pour le passage de trois vis dont les têtes fraisées sont encastrées dans son épaisseur. Elle est aussi percée de deux autres trous taraudés pour les vis qui fixent le couvre-vis. La virole et ses vis sont supprimées dans les écrous récemment adoptés. Leur partie cylindrique, qui dépasse le dessus du bouton, est filetée extérieurement pour recevoir le couvre-vis dont la grande base est taraudé intérieurement.
1 couvre-vis.		Chapiteau en forme de cône tronqué, en tôle ou en cuivre, placé sur l'écrou de la vis de pointage pour empêcher l'eau de s'y introduire. Il a la hauteur convenable pour ne pas arrêter la vis dans les mouvements, et il est fixé à la virole de l'écrou au moyen de deux vis placées aux extrémités du diamètre de sa grande base, ou par le moyen qui vient d'être indiqué.
1 levier de pointage. . .		Ce levier coudé est en fer forgé ; son extrémité destinée à entrer dans les plaques de la semelle et des châssis est équarrie ; sa partie suivante est à huit pans, et il devient cylindrique à son autre extrémité, terminée par un bouton : le coude est à la jonction de ses parties carrées et cylindrique.

Nota. La nomenclature des autres objets d'armement de la caronade est la même que celle de ceux du canon qui sont tous communs au service de ces bouches à feu. Toutefois il ne faut qu'un anspect par caronade et une pince pour 4 de ces pièces.

CANON-OBUSIER DE 22 c/m

La bouche.

L'âme. . . . . { L'évasement de la bouche, Le raccordement de l'âme avec la chambre ; La chambre, dont le fond est arrondi comme celui de l'âme des canons,

La tranche.
La plate-bande de la bouche.
La gorge de volée.

La masse de mire de la bouche. . . . . { Partie saillante de métal, placée sur la plate-bande de la bouche, sur la gorge de volée et sur la volée. Ces parties se raccordent ensemble par des surfaces courbes. Une entaille ou cran de mire est pratiquée sur le dessus de cette masse de mire, pour le pointage.

La volée,
La gorge du renfort,
Le support de fronteau de mire,
Le renfort,
Les embases,
Les turillons,
Le support du percuteur,
Champ ou canal de lumière,
La lumière,
La culasse,
Le chaufrein de la plate-bande de culasse,
La plate-bande de culasse.

La masse de mire de culasse . . . . { Partie saillante sur la plate-bande de culasse, raccordée à cette plate-bande pour des surfaces cylindriques. Une entaille ou cran de mire est pratiquée dans cette masse de mire comme dans celle de la bouche.

Le cul de lampe.
Le collet de bouton de culasse.
Les crocs de brague.
Le bouton de culasse.

Nota. Les parties de cette pièce désignées ci-dessus, et dont la description n'est pas donnée, sont semblables à celles de même nom des canons et des caronades.

AFFUTS DE CANON-OBUSIER DE 22 c/m

Trois espèces d'affûts sont encore en usage pour le service de cette bouche à feu, à bord des bâtiments de la flotte.

Le premier de ces affûts est semblable à celui déjà décrit pour les canons ordinaires.

Le second, qui a été proposé par la direction de l'artillerie du port de Cherbourg, est désigné sous la dénomination d'*affût*

marin modifié : il diffère de l'affût marin ordinaire en ce que l'essieu et les roues de derrière y sont supprimés et remplacés par des *crosses* assemblées avec les flasques au moyen des boulons et des pitons des adents. Ces crosses portent sur le pont pour modérer les effets du recul La longueur de l'entretoise est augmentée de manière à affleurer l'extrémité de la queue des flasques. Une *lunette* à fourche, en fer, est fixée au milieu du derrière de cette entretoise au moyen de *trois clous-rivets* : elle sert à recevoir le bec d'un levier de pointage courbe qui porte deux roulettes. Lorsque son bec est engagé dans la lunette et que l'on abat ce levier, l'affût porte sur ses deux roues de devant et sur les roulettes du levier, ce qui permet de le manœuvrer. Le levier à roulette se compose d'un levier en bois, qui a la forme d'un anspect et qui est armé à son gros bout d'un *bec* en fer à douille. On distingue, dans ce bec, le *petit bout* destiné à entrer dans la lunette, et la *douille*, dans laquelle est fixé le levier en bois au moyen de *trois clous rivets* et du carré de *l'essieu* en fer *des roulettes* qui les traverse au coude du levier. Les roulettes, qui sont en bois, ont des boîtes en métal. Elles sont arrêtées sur leurs essieux par *des clavettes* qui passent dans les bouts des fusées.

Le troisième affût en usage pour cette pièce a été proposé par la direction de l'artillerie du port de Rochefort : il est dit *affût à semelle*. Son système diffère de celui du second en ce que les roues de devant ne portent sur le pont que lorsque l'on a fait un abatage avec son levier à roulette, après avoir engagé son bec à la tige mobile logé dans la semelle. Sa nomenclature est celle dont le détail suit :

PARTIES EN BOIS.

2 flasques,
1 croissant en deux parties,
1 entretoise,

2 échantignolles. . . .	Placés sur les flasques pour exhausser la tête de l'affût et pour maintenir l'essieu dans son encastrement.
1 semelle.	Composée de deux pièces et placée sous le derrière de l'affût pour maintenir l'écartement des flasques elle sert aussi de logement à la tige mobile et elle reçoit le coussin.
2 roues.	Ces roues en bois ont des boîtes en cuivre et sont consolidées avec des cercles en fer assemblés avec elles au moyen de clous-rivets.

PARTIES EN FER.

2 boulons d'assemblage, leurs rosettes et leurs écrous.
2 charnières de croissant.
2 clous-rivets de tête de flasque.

2 sus-bandes et leurs clavettes, pitons et chaînettes.
2 chevilles à mentonnets, leurs écrous carrés, leurs rosettes et leurs rondelles.
2 chevilles à tête plate, *idem.*
2 chevilles à tête ronde, *idem.*
2 chevilles à tête carrée, leurs écrous ronds et leurs rondelles.
2 pitons de manœuvre, *idem.*
2 anneaux de brague, leurs pitons et leurs contre-rivures.
2 pitons carrés de manœuvre avec leurs plaques d'appui et leurs quatre écrous.

1 essieu et 2 clavettes.	On distingue ; dans cet essieu, le corps carré, *l'épaulement et les fusées*, percées à leur petit bout de deux trous pour le passage des clavettes qui servent à maintenir les roues.
2 boulons à crochets et leurs contre-rivures. .	Ces boulons, qui traversent la semelle, servent pour crocher la croupière du palan de retraite.

1 tige mobile, pour recevoir le bec du levier logé dans la semelle.
1 plaque de la tige mobile.
1 contre-plaque d'*idem.*
2 boulons de plaque et contre-plaque.

1 clavette avec sa chaînette et son piton. . .	Placée sur le dessus de la semelle, pour arrêt de la tige mobile.

4 vis à bois.
2 bandelettes.

2 cercles de roues et leurs 8 clous rivets	Pour empêcher le bois des roues de se fendre ; ils sont encastrés dans ce bois du côté opposé aux flasques.
2 boites en cuivre avec leurs huit croisillons.	Ces boites sont encastrées dans les roues du côté des flasques et percés de huit trous pour les rivets de cercles de roues.

GRÉMENT.

Le grément de cette bouche à feu est le même que celui des canons, suivant les batteries où elle se trouve placée sur les vaisseaux ou sur les frégates; toutefois, il faut y ajouter, pour l'affût à semelle :

1 croupière.	Cette croupière que l'on croche aux boulons à crochets de la semelle sert pour manœuvrer la pièce avec le palan de retraite.

ARMEMENT.

L'armement du canon-obusier de 22 c/m se compose des mêmes objets que celui du canon et de la caronade, si ce n'est qu'il y entre deux refouloirs au lieu d'un, savoir :

1 levier à roulette . . .	Ce levier est d'une forme semblable à celle de celui décrit pour le second affût ; mais il est en fer et il n'a qu'une seule roulette en bois avec boite en cuivre. Cette roulette est placée dans un encastrement pratiqué à la partie coudée du levier ; elle y est traversée par une vis dont la tete fraisée est encastrée dans l'epaisseur d'un des cotés du levier ; l'autre coté étant taraudé, cette vis sert d'essieu à la roulette.

1 refouloir à gargousse. — Semblable à celui décrit pour les canons et caronades, mais d'un diamètre plus petit que celui de la chambre.

1 refouloir à obus. . . . — Dont la tête est creuse pour faciliter l'introduction de l'obus.

Les obus de 22 c/m. . . — Les projectiles de cette bouche à feu sont ensabotés, chargés et garnis de leur fusée ; chacun d'eux est déposé dans une boîte qui lui est spéciale. Le règlement accorde 35 obus ainsi disposés par bouche à feu affectée à ce tir pour combat ; et 15 obus chargés de sable, par pièce, pour les exercices seulement.

Les paquets de mitraille. — Ces paquets de mitrailles, dits à grosses balles, sont composés de boulets de 4. On en délivre 20 par pièce.

CANON-OBUSIER DE 30 (16 c/m)

Nota. On a conservé à cette bouche à feu la dénomination de canon-obusier de 30, contrairement à la règle établie pour les obusiers, qui ne sont désignés que par le diamètre de leur projectile, parce que, d'après le règlement d'armement, cette pièce est destinée à tirer plus de boulets que d'obus.

NOMENCLATURE.

La bouche.

L'âme. . . . . — L'évasement de la bouche. Le raccordement de l'âme avec la chambre. La chambre, dont les angles du fond sont arrondis par un arc de cercle égal au quart du diamètre de la chambre qui est terminée par un plan.

La tranche.
La plate-bande de volée.
La gorge de la plate-bande.
La masse de mire de la bouche, comme celle de l'obusier de 22 c.
La volée.
La gorge de renfort.
Le support de fronteau de mire.
Le renfort
Les embases.
Les turillons.
Le cône de raccordement extérieur.
La culasse, qui comprend son tronc de cône et son tore.
Le support de platine placé sur la culasse.
La masse de mire de culasse. Elle est placée sur la culasse, et elle est semblable à celle des caronades.

La masse de culasse . . — Portion saillante de métal placée sur cette partie en dessous de la masse de mire. Cette partie sert d'appui à la pièce.

Le listel du bouton de culasse.
La gorge du bouton de culasse.

Les crocs de brague . . — Placés sur la culasse, sur le listel et sur la gorge du bouton.

Le bouton de culasse.

Nota. Les parties de cette bouche à feu désignées ci-dessus, et dont l'explication n'est pas donnée, sont semblables à celles de même dénomination décrites pour les canons, les caronades, et dans l'obusier de 22 c/m.

AFFUTS DE CANON-OBUSIER DE 30 (16 c/m)

Trois espèces d'affûts sont encore actuellement en usage pour le service de cette bouche à feu à bord des bâtiments de la flotte

Le premier est semblable à celui déjà décrit pour les canons.

Le second est celui qui a été essayé à bord de la frégate *la Dryade*: il est désigné sous la dénomination d'affût à crosse. Cet affût a été proposé, en 1836, par le colonel d'artillerie de la marine *Romme.*

Sa nomenclature est celle dont le détail suit:

PARTIES EN BOIS.

2 flasques,
1 croissant,
1 essieu,
2 roulettes,
1 crosse.

PARTIES EN FER.

3 boulons d'assemblage, leurs rosettes et leurs écrous.
2 sus-bandes, leurs pitons, leurs chaînettes et leurs clavettes.
2 chevilles à mentonnets, leurs rosettes, leurs rondelles et leurs écrous.
2 chevilles à tête plate, leurs rosettes, leurs rondelles et leurs écrous.
2 pitons de manœuvre, dont l'un est taraudé et visé sur la tige de l'autre.
2 fourches pour la brague et leurs contre-rivures.
2 esses et 2 clavettes.
2 viroles de bout de fusée d'essieu.
2 équignons

1 anneau carré pour levier-directeur	Cet anneau est fixé sur le derrière de la crosse au moyen de la tige des pitons de manœuvre, qui traverse ses deux oreilles encastrées dans le bois du bout de la crosse.
1 piton de retraite ...	Il est fixé à l'extrémité de la crosse au moyen de la tige des pitons de manœuvre, qui traverse le trou de son bout encastré. Il est placé entre les oreilles de l'anneau carré du levier directeur.
1 bride de pointage. ..	On distingue dans cette bride qui ser a régler le mouvement de la vis de pointage, la fourche dans laquelle passe la tête de cette vis, sa tige et le piton qui la termine.
1 boulon à charnière, sa rosette et son écrou .	Ce boulon qui traverse la crosse sert a fixer la bride de pointage.

1 boulon à écrou	Ce boulon traverse le boulon à charnière et le piton de la bride à laquelle il sert d'axe.

1 virole pour la vis de pointage fixée à la bride.
2 crapaudines pour écrous de vis de pointage.
4 boulons de crapaudines à têtes carrées avec rosettes et écrous.

Une vis de pointage et sa manivelle.	On distingue dans cette vis, *la tige* à filets carrés; *la tête* divisée en deux parties dont l'une cylindrique est garnie de deux tourillons diamétralement opposés qui entrent dans les trous ronds des extrémités de la fourche de la bride de vis; et l'autre carrée est destinée à recevoir la manivelle à 4 branches qui sert à faire mouvoir la vis de pointage.
Un écrou en cuivre à tourillons	Cet écrou a deux tourillons qui permettent que la vis de pointage qui le traverse soit guidée par la bride, de manière à ce que l'axe de cette vis soit toujours normal à la surface de la partie de la culasse qu'elle supporte.

Le troisième affût en usage pour le canon obusier de 30 est l'affût marin modifié. La nomenclature de ses parties est la même que celle de cet affût pour le canon, sauf les modifications détaillées ci-après :

L'essieu et les roulettes de derrière sont supprimés et remplacés par des échantignolles placées dessous les deux bouts des flasques avec lesquels elles sont assemblées, au moyen des boulons à têtes carrées des adents, et des pitons de manœuvre. Elles sont aussi consolidées par l'entretoise, traversée comme elles par deux boulons d'assemblage.

GRÉMENT.

Le grément de cette espèce de bouche à feu est composé des mêmes objets que celui des canons-obusiers de 22 centimètres.

ARMEMENT.

L'armement du canon-obusier de 30 se compose des mêmes objets que celui de canon obusier de 22 centimètres, si ce n'est que le levier-directeur du canon-obusier de 30 n'est pas coudé et qu'il n'a pas de roulette.

Les projectiles nécessaires à l'armement de cette bouche à feu sont :

Les boulets pleins de 30.	On délivre 35 de ces boulets par obusier des bâtimens de tous rangs.
Les obus de 16 c/m. . . .	On délivre 35 obus chargés, ensabotés et encaissés, pour combat, et 15 chargés de sable pour exercice, par pièce affectée au tir de ces projectiles; mais on ne donne que 5 obus pour combat seulement par obusier des gaillards des vaisseaux et frégates.
Les paquets de mitraille.	On donne par obusier des bâtiments de tous rangs, 15 mitrailles à grosses balles, et 5 *idem* à petites balles.

PIERRIER DE 1 EN BRONZE.

NOMENCLATURE.

La bouche,
L'âme,
La tranche,
La gorge de la bouche,
La tulipe. . . . . . | Son bourrelet et son cran de mire, son bollet.
La plate-bande de volée,
La volée.
La gorge de renfort,
Le renfort,
Les embases,
Les tourillons,
Le grain de lumière en cuivre rouge,
Le grain en acier. . . . | Trempé et vissé dans celui en cuivre rouge : la lumière est percée dans le grain d'acier.
La gorge de la plate-bande de culasse,
Le listel d'*idem*,
La plate-bande de culasse,
Le cul-de-lampe,
Le collet du bouton de culasse,
Le bouton de culasse.

AFFUT DE PIERRIER DE 1.

Deux espèces d'affûts sont en usage pour cette pièce ; *le premier*, désigné sous le nom de chandelier de pierrier, se compose :

D'une *tige* en fer surmonté de *deux branches* également en fer, terminées par deux *étriers* servant d'encastrement aux tourillons, et dans lesquels ils sont maintenus par *deux boulons* percés, à leur petit bout, de trous pour recevoir *deux clavettes* qui fixent le pierrier au chandelier ;

D'une sole en fer, s'appuyant entre les deux branches et avant au milieu suivant une partie de sa longeur, une rainure dans laquelle entre le T du coin de mire qui peut glisser dans cette rainure pour pointer la pièce

Ce chandelier est placé à bord des bâtiments et dans les embarcations, sur un montant en bois dont le bout est percé d'un trou du diamètre de tige, garni d'une virole et d'une rondelle en fer pour le consolider.

La seconde espèce d'affût employée pour ces pièces et désignée sous la dénomination d'affût à coulisse ; elle est plus particulièrement destinée aux embarcations.

Sa nomenclature est celle dont le détail suit :

PARTIES EN BOIS.

2 flasques,
1 entretoise,

3 semelles assemblées à queue d'aronde,
1 banquette,
1 coussin de banquette,
1 châssis à coulisse en deux parties,
2 tringles sur les côtés du châssis à coulisse,
2 supports de devant et de derrière du châssis à coulisse,
1 coin de mire.

PARTIES EN FER.

1 boulon d'assemblage, sa rosette et son écrou .	Ce boulon traverse l'entretoise et les flasques,
1 boulon et sa contre-rivure	Ce boulon traverse les flasques pour supporter la banquette,
2 chevilles à têtes plates et leurs rondelles. . .	Ces chevilles sont en pointes, comme un clou et sans écrou.
2 sus-bandes à charnières	Dont la semelle à équerre garnit le bout de la tête d'affût, où elle est fixée par cinq clous d'applicage à têtes fraisées,
2 chainettes avec leurs pitons et leurs clavettes.	Les pitons de ces chaînettes sont placés dans les côtés extérieurs des flasques en dessous des chevilles à têtes plates; elles servent à fixer les sus-bandes.
2 crochets de banquette à pattes.	Servant de contre-rivures aux 2 rivets qui les fixen à la banquette,
1 pivot, ses plaques et contre-plaques et son écrou.	Ce pivot, placé sous la semelle de l'affût, est percé, à l'extrémité de la partie cylindrique qui déborde le briquet de la coulisse du châssis, d'un trou carré pour le passage de la clavette.
1 clavette et sa rondelle.	Pour le pivot et le frottement contre le briquet du châssis.
1 boulon d'assemblage et sa contre-rivure . . .	Pour le devant du châssis.
1 boulon d'assemblage et son écrou	Pour le derrière du châssis.
2 plaques à anneaux . .	Servant de rondelles et de rosettes au boulon d'assemblage du derrière du châssis, où elles sont fixées, en outre, par quatre clous d'applicage.
1 briquet	Fixé sous la coulisse du châssis par dix clous d'applicage à tête et fraisées et encastrées de leur épaisseur dans le fer. Cette ferrure a pour but de servir d'appui à la rondelle du pivot.

2 rivets de support de devant à têtes rondes, et leurs *deux* contre-rivures.
2 rivets de support de derrière à têtes carrées, et leurs *deux* contre-rivures.

1 cheville ouvrière à plaque.	Fixée sur le devant du châssis au moyen de 2 rivets.
1 piton de cheville ouvrière avec sa rondelle, sa clavette et son écrou rond	Ce piton est fixé dans le bordage du bâtiment ou de l'embarcation.

1 plaque de levier de pointage	Fixée derrière le châssis par quatre rivets, et percée d'un trou pour le passage de la clavette du levier.
1 chaînette avec clavette et piton	Pour le levier de pointage.
2 bandes de dessous de flasques	Ces bandes ont des entailles pour les queues d'aronde du fonds de l'affût.
1 circulaire	Sous le support de derrière, pour servir au pointatage latéral de la pièce.
2 crocs portant anneaux avec écrous fixés au bâtiment.	Pour servir à l'installation et à la manœuvre de l'affût.
1 levier de pointage . . .	Ce levier est coudé et terminé par un carré percé d'un trou rond ; ce carré est destiné à entrer dans la plaque du levier de pointage.

ARMEMENT.

1 tape,
1 platine à percution ou un percuteur,
1 couvre-platine ou couvre-percuteur,
1 couvre-lumière,
1 écouvillon refouloir, sur la même hampe,
1 fourreau ou enveloppe en toile peinte pour couvrir le pierrier.
1 boîte à étoupilles.
1 doigtier,
1 corne d'amorce pour *trois* pierriers,
1 cuiller avec tire-bourre, sur la même hampe, pour *deux* pierriers
40 boulets par pierrier,
20 paquets de mitraille, ou boîte à balles de. . } 500 grammes par pierriers,
1 valet erseau par boulet,
1 valet cylindrique par boîte à balles.

ESPINGOLE DE 1 EN BRONZE.

La bouche,
L'âme,
Le raccordement de l'âme avec la chambre,
La chambre, terminée comme l'âme du canon,
La tranche,
La gorge de la tranche,
Le premier listel du bourrelet,
Le bourrelet,
Le deuxième listel du bourrelet,
La gorge de la volée,
La volée,
La gorge du renfort,

Le renfort,
Les embases,
Les tourillons,
Le tronc de cône de raccordement,
La culasse,
Le support de platine,

Oreillles de devant et de derrière	Placées sur la culasse pour maintenir la platine : elles sont percées chacune d'un trou rond pour le passage des boulons de platine.
La cheminée en acier . .	Vissée dans la culasse ; la lumière y est percée ; sa tige et filetée dans toute sa longeur. Sa tête cylindrique est surmontée d'une partie carrée qui, elle-même, est surmontée d'un tronc de cône destiné à recevoir la capsule.

La queue de culasse.

AFFUT D'ESPINGOLE DE 1.

Cette petite bouche à feu est toujours montée sur un chandelier à peu près semblable à celui décrit pour le pierrier ; il en diffère cependant en ce qu'il n'a pas d'étriers et que ce sont des trous percés dans les branches mêmes qui en tiennent lieu. En outre, la tige est coupée suivant deux plans, l'un passant par l'axe et s'arrêtant à 34 mm du bout ; l'autre, perpendiculaire à celui-ci et coupant seulement une des deux portions de la tige. De sorte que le chandelier se compose de deux parties distinctes comprenant chacune une branche et une portion de la tige. La portion la plus courte de la tige se termine par un tenon qui entre dans un trou correspondant de cette tige ; celle-ci aussi porte un tenon, mais près du collet et perpendiculairement à l'axe de la tige. Quand on a introduit les tourillons dans les trous des branches, on rapproche les deux portions de la tige, et on les serre au moyen d'un écrou qui vient se viser au-dessous de la jonction des deux branches. De cette manière, le système fait corps comme s'il n'était que d'une pièce.

ARMEMENT.

L'armement de l'espingole est semblable à celui du pierrier.

OBUSIER DE MONTAGNE DE 12 c/m,

EMPLOYÉ A BORD DES CHALOUPES ET AUTRES EMBARCATIONS.

La bouche,
L'âme,
Le raccordement de l'âme avec la chambre,
La chambre cylindrique,
La tranche,
La plate-bande de la bouche.

La gorge du renfort ; s'étend jusqu'à la gorge de la plate-bande de la bouche ;
Les embases,
Les tourillons,
La gorge du tonnerre vers le renfort,
Le tonnerre cylindrique,
La lumière,
La gorge du tonnerre sur la plate-bande de culasse,
La plate-bande de culasse,
Le bouton de culasse.

AFFUT D'OBUSIER DE 12 c/m,

INSTALLÉ SUR UNE CHALOUPE ARMÉE EN CUTTER.

PARTIES EN BOIS.

2 flasques,
1 entretoise,
1 semelle,
1 coussin,
1 coin de mire,
1 châssis à coulisse au milieu,
1 coulisse ou tringle sur les côtés du châssis pour maintenir l'affût.
1 circulaire fixée sur les trois bancs de l'avant de l'embarcation.
1 support de châssis d'affût placé au milieu de son dessous.

PARTIES EN FER.

3 boulons d'assemblage avec leurs rondellles, leurs rosettes et leurs écrous.	L'un traversant l'entretoise et les flasques, et le deux autres la semelle et le bas du flasque pour assembler toutes les pièces.

2 chevilles à mentonets avec leurs rondelles et leurs écrous ronds.
2 chevilles à tête plate avec leurs rondelles et leurs écrous *idem*.

2 sous-bandes, percées chacune de deux trous	Pour le passage des chevilles.

2 sous-bandes avec leurs clavettes, chaînettes et leurs pitons.

1 boulon à œillets	Ce boulon est en deux parties, dans une tige filetée au bout, et l'autre à écrou; il traverse le derrière de la semelle, et les œillets servent pour la manœuver.
2 fourches de bragues. .	Placées sur les côtés extérieurs des flasques.
1 pivot d'affût, son écrou, sa rosette. sa rondelle et sa clavette	Ce pivot est en dessous de la semelle ; la tige cylindrique passe dans la coulisse du châssis; elle est percée d'un trou de clavette à l'extrémité qui déborde le dessous de la coulisse.
2 boulons à œillets et à manilles.	Ces boulons, fixés sur chacun des côtés du devant du châssis, sont destinés à arrêter la brague.

2 plaques à anneaux. . .	Fixées sur chacun des côtés du derrière du châssis, par quatre clous d'applicage chacun, et par :
1 boulon.	Ce boulon est à tête carrée, fraisée et encastrée dans une de ces plaques, l'autre lui servant de contre-rivure. Ces anneaux servent à faire tourner le châssis sur son pivot.
8 rivets et leurs contre-rivures.	Pour assembler les coulisseaux avec leur châssis.
1 briquet	Fixé sur la coulisse du milieu du châssis par huit clous-rivets.
1 pivot de châssis et ses plaques	Ce pivot se compose d'une tige cylindrique percée d'un trou de clavette, d'une partie carrée qui traverse le milieu du support du châssis et de ses deux plaques, sur l'une desquelles il est rivé, et l'autre servant d'appui à son épaulement. Lorsque le châssis est en place, la tige du pivot traverse le banc de la chaloupe dans un dé en cuivre adapté à ce banc, au moyen de deux vis à bois. Le trou de clavette du pivot déborde la tête ou rebord de la boîte, en dessous du banc de la chaloupe.
1 circulaire en fer blanc.	Fixée sur celle en bois par seize vis à bois, et sur les bancs de la chaloupe.
4 boulons à goupilles. . .	Qui servent à assembler les deux circulaires en bois et en fer avec ces bancs. Ces boulons, à tête carrée et fraisées sont encastrés de leur épaisseur dans le fer de la circulaire, qu'ils traversent par quatre trous pratiqués dans les oreilles de cette pièce ils sont diamétralement opposées. Deux entailles sont aussi faites dans la circulaire en fer aux extrémités d'un de ses diamètres pour le passage des arêtoires des châssis.
2 arêtoirs	Un du devant, et l'autre du derrière du châssis, auquel ils sont fixés chacun par deux rivets. Ils sont disposés de manière à prendre deux centimètres en dessous de la circulaire en fer, aux entailles de laquelle il faut les faire correspondre en mettant le châssis en place sur cette circulaire.
4 rivets	Pour chaque support de châssis.

Pour installer cet obusier à bord des autres embarcations, on emploie l'affût qui vient d'être décrit, et un châssis qui diffère de celui employé pour les chaloupes armées en *cutter*, en ce que l'on y a supprimé :

Le support du milieu du châssis,
Son pivot avec ses plaques,
La boite en cuivre du banc de la chaloupe
Les circulaires en bois et en fer.

Ces parties sont alors remplacées par celles ci-après détaillées :

2 plaques cintrées	Semblables à celles des châssis d'affût de caronade fixées en dessus en dessous de la tête arrondie du châssis par quatre rivets. Elles sont percées à leur milieu de trous ronds pour le passage d'un pivot qui les traverse, ainsi qu'un piton fixé à l'embarcation. Cette installation permet de tourner le châssis sur le pivot pour le pointage.

GRÈMENT.

1 brague courante avec cosses,
2 palans de côté.

ARMEMENT.

1 percuteur avec ses boulons et écrous en fer et son cordon garni d'un cabillot.

1 boite à étoupilles en fer-blanc.	Garnie de courroie en cuir avec boucles en fer.
1 clef pour percuteur.	
1 dégorgeoir en fil de fer mince avec manche en bois.	
1 couvre-percuteur en plomb ou en étain.	
1 doigtier en buffle.	
1 écouvillon avec tire-bourre et refouloir.	Sur la même hampe; la tête du refouloir est creusée.
1 garde-feu en cuir, et son couvercle garni de lanière.	
1 tape en bois.	
5 caisses en bois pour cartouc. à obus.	Ces caisses sont conformes au modèle de l'artillerie de terre.
4. . *idem*. . *idem*. . *idem*. . . à balles.	

80 étoupilles fulminantes.	Par obusier.
32 cartouches à obus ensabotées, pour combat.	
8 cartouches à obus ensabotées, pour exercice.	
20 cartouches à balles pour combat.	
66 valets erseaux.	
100 grammes de vieux linge.	

Tableau des portées de but en blanc naturel des bouches à feu de la marine (la ligne de mire étant horizontale).

BOUCHES À FEU.		CHARGE. kilog.	PROJECTILES.	PORTÉE du but en blanc, en mètres.
Canon...	de 30 long..	5.000	massif.	800
		3.750	*idem.*	733
		2.500	*idem.*	630
		3.750	Creux.	841
		2.500	*idem.*	745
	de 30 court..	5.000	Massif.	920
		3.750	*Idem.*	850
		2.500	*Idem.*	735
		3.750	Creux.	957
		2.500	*Idem.*	852
Canon-obusier.	de 22 c/m ..	3 500	Creux.	568
		2.000	*Idem.*	469
	de 16 c/m (30)	2.000	Massif.	442
		2.000	Creux.	529
		1.500	*Idem.*	453
Caronade.	de 30	1.600	Massif.	983
		1.600	Creux.	956
	de 24	1.300	Massif.	957
	de 18	1.000	Massif.	939
	de 12	0.650	Massif.	918
Pierrier.........		0.130	Massif.	367
Espingole.........		0 500	Massif.	210

Table servant à déterminer la distance d'un bâtiment à un autre, au moyen de la hauteur angulaire des mâts.

DISTANCES en encablures.	VAISSEAUX à trois ponts et de 80.	VAISSEAUX de 74 et grandes frégates.	FRÉGAT. de 44.	CORVET. de 24 à 32.	CORVET. de 20 à 24.	BRICKS de 16 à 20
0. 5	24° 39'	22° 21'	18° 37'	16° 25'	15° 22'	14° 44'
1. 0	12. 56	11. 88	9. 33	8. 23	7. 49	7. 22
1. 5	8. 41	8. 00	6. 24	5. 37	5. 15	4. 56
2. 0	6. 29	5. 52	4. 49	4. 13	3. 56	3. 42
2. 5	5. 14	4. 42	3. 51	3. 22	3. 09	2. 58
3. 0	4. 22	4 04	3. 13	2. 30	2. 37	2. 29
3. 5	3. 45	3. 22	2. 45	2. 25	2. 16	2. 07
4. 0	3. 17	2. 57	2. 25	2. 06	1. 58	1. 51
4. 5	2. 55	2. 37	2. 09	1. 54	1. 45	1. 39
5. 0	2. 38	2. 21	1. 56	1. 41	1. 34	1. 29
5. 5	2. 23	2. 09	1. 45	1. 32	1. 26	1. 21
6. 0	2. 11	2. 01	1. 36	1. 24	1. 19	1. 14
Haut. du capalage du grand mât de perroquet.	54m	53m	41m	34m	32m	18m

OBSERVATIONS.

Les angles sont mesurés à partir de la flottaison jusqu'au capelage du grand mât de perroquet des bâtiments anglais, dont la mâture est d'un douzième moins élevée que celle des bâtiments français du même rang, ainsi qu'on le voit dans les Tables de M. Gicquel des Touches.

Draguignan, imprimerie de P. GARCIN.

TABLEAU des dimensions principales et des poids des Bouches à Feu en fonte de fer et en bronze, et des projectiles en usage dans la Marine, à bord des bâtiments de la flotte.

a 164mm, b 215, c 125 — Ces dimensions ont été nouvellement adoptées pour la chambre et le raccordement des obusiers de 22 centimètres.

	BOUCHES A FEU EN FONTE DE FER.																	BOUCHES A FEU EN BRONZE.		
	CANONS DE										CARONADE DE					CANON-OBUSIER de				
	36	30 LONG.	30 COURT.	24 LONG.	24 COURT.	18 LONG.	18 COURT.	12 LONG.	12 COURT.	8	36	30	24	18	12	22 c.m.	30 en 16c.m.	OBUSIER DE 12c.	PIERRIER DE 1.	ESPINGOLE DE 1.
	Millimèt.	Millimèt.	Millimèt.	Millimèt.	Millimèt.	Millimèt.	Millimèt.	Millimèt.	Millimèt.	Millimèt.	Millimèt.	Millimèt.	Millimèt.	Millimèt.	Millimèt.	Millimèt.	Millimèt.			
Diamètre de l'âme	174.8	164.7	164.7	152.5	152.5	138.7	138.7	120.7	120.7	106.0	172.6	163.0	150.8	137.6	120.7	223.3	165.0	120.3	55.0	53.0
Diamètre de la chambre	»	»	»	»	»	»	»	»	»	»	160.4	155.8	140.1	127.8	111.7	150.0 / 164.0	133.3	83.0	»	29.0
Diamètre du boulet	169.2	159.6	159.6	147.4	147.4	134.2	134.2	117.3	117.3	102.6	169.2	159.6	147.4	134.2	117.3	»	132.6	»	50.8	50.8
Diamètre de l'obus	170.3	160.7	160.7	148.5	148.5	»	»	»	»	»	170.3	160.7	146.5	»	119.0	221.1	160.7	119.0	»	»
Vent ou différence entre le diamètre de l'âme et celui du boulet	5.6	5.1	5.1	5.1	5.1	4.5	4.5	3.4	3.4	3.4	3.4	3.4	3.4	3.4	3.4	»	3.4	»	3.2	3.2
Vent ou différence entre le diamètre de l'âme et celui de l'obus	4.5	4.0	4.0	4.0	4.0	»	»	»	»	»	3.2	2.3	2.3	»	1.7	2.2	2.3	1.05	»	»
Longueur totale de l'âme, prise du fond à la tranche de la pièce	2723.0	2820.0	2590.0	2587.0	2539.0	2436.0	2401.0	2294.0	2216.0	2475.0	1841.0	1340.0	1149.0	1040.0	883.0	2312.0	2075.0	810.0	874.0	634.0
Longueur totale du raccordement	»	»	»	»	»	»	»	»	»	»	»	»	»	»	»	113.0 / 215.0	81.0	»	»	44.0
Longueur de la chambre, dont le fond est une demi-sphère, pour les caronades seulement	»	»	»	»	»	»	»	»	»	»	197.0	186.0	175.0	160.0	147.0	226.0 / 123.0	200.0	70.0	»	64.0
Longueur totale de la pièce, le bouton et le cul de lampe compris	3274.0	3158.0	2919.0	3063.0	2844.0	2876.0	2678.0	2678.0	2436.0	2811.0	1814.0	1667.0	1571.0	1456.0	1245.0	2840.0	2427.0	970.0	1022.0	940.0
Diamètre de la plate-bande de culasse	620.0	589.0	580.0	548.0	538.0	511.0	426.0	451.0	455.0	395.0	»	»	»	»	»	»	»	190.0	162.0	»
Diamètre du plus grand renflement du bourrelet	468.0	441.0	413.0	430.0	884.0	278.0	350.0	334.0	311.0	291.0	350.0	331.0	306.0	279.0	245.0	»	»	175.0	128.0	79.0
Distance du point le plus élevé du support à l'axe de la pièce	»	»	»	»	»	»	»	»	»	»	256.0	246	226	206	179	343	241	»	»	60.8
Distance du point le plus élevé de la masse de mire de vol. à id.	»	»	»	»	»	»	»	»	»	»	»	»	»	»	»	282.0	197	»	»	»
Distance entre le derrière de la plate-bande de culasse et le plus grand renfl. du bourrelet	2837.0	2747.0	2514.0	2685.0	2469.0	1906	2338.0	1830.0	2156.0	2546.0	1249.0	1248.0	1083.0	990.0	857.0	2463.0	2150.0	860.0	894.0	»
Longueur de l'âme en calibre de projectiles	16·7	16·5	15·4	17·6	16·3	18·1	17·0	19·5	18·8	20·4	7·9	8·4	7·8	7·8	7·6	10·6	15·0	6·8	17·2	12·3
Poids de la pièce en kilogrammes	3520k	3035k	2487k	2504k	2115k	2062k	1716k	1466k	1174k	1166k	1148k	1011k	735k	578k	381k	3636k	1480k	100k	32k	20k
Poids de la pièce en poids moyen du projectile	192	198	162	207	175	226	188	241	193	285	63	72	62	63	63	140	148	26	160	41
Poids moyen des boulets en kilogrammes	18.28	15.34	15.34	12.08	12.08	9.12	9.12	6.09	6.09	4.08	18.28	15.34	12.08	9.12	6.09	»	»	»	0.49	0.49
Poids moyen des obus *idem*	11.83	10.00	10.00	7.85	7.85	»	»	»	»	»	11.83	10.00	7.45	»	»	25.86	10.00	3.9	»	»
Angle de mire	1°34'17	1°34'	1°57	1°30'37	1°49'48	1°31'37	1°50'3	1°26'35	1°41'	1°11'11	3°40'	3°40'	3°50'	3°50'	3°48'	1°50'	1°10'15	»	»	»

www.ingramcontent.com/pod-product-compliance
Lightning Source LLC
LaVergne TN
LVHW050422160826
845677LV00002BA/489

* 9 7 8 2 3 2 9 7 3 3 1 9 7 *